サービスの生産性を3倍高める
お客様行動学

猫酒場『はちわれ』を科学で救え！

中小企業診断士
東條 裕一 著

中小企業庁長官賞受賞レポート
サービス業に「再現性」と「創造性」
をもたらす科学的メソッド
が遂に書籍化！！
日本のサービスが変わる？！

税務経理協会

目　次

0．はじめに ……………………………………………… 1
1．何が問題なのか …………………………………… 3
2．どこで勝負する？　なにで勝負する？ ……… 16
3．目標数値を掲げろ ………………………………… 26
4．数値を分解することで見えるもの …………… 33
5．生産管理を活用せよ ……………………………… 44
6．接客をマニュアル化せよ ………………………… 54
7．マニュアルの限界と本当の役割 ……………… 61
8．お客さんの行動から発想せよ ………………… 71
9．顧客起点のアプローチとは ……………………… 89
10．『はちわれ』のそれから ………………………… 99
11．受賞レポートの事例企業より ………………… 102
00．おわりに …………………………………………… 104

顧客の行動を起点としたアプローチ ………………… 108

キャスト
猫酒場『はちわれ』

にゃん左衛門
なんとなく店を切り盛りして，売上が下がり，焦り始めた『はちわれ』の2代目社長。

にゃん吉
心優しく，お客さん第一。
でも，いつもお客さんに振り回されっぱなし。

キャスト

にゃん介

いつもクールで，好き嫌いがはっきりしている。
ファンも多いが，嫌うお客さんも。

にゃん美

通称『接客の女王』。
独特の感性でお客さんを惹きつける看板娘。

にゃん野
いつも冷静で，まわりに示唆を与えながらサポートする，イケメン猫のコンサルタント。

ライバル店
『アビシニアン』 洋風居酒屋
『三　　毛』 大衆居酒屋
『の　　ら』 大手居酒屋チェーン

キャラクター画担当　安田かおり

0．はじめに

　日本のサービスの生産性は低いとされ，わが国が誇る「おもてなし」という場に応じた心遣いと，効率性の両立が求められています。
　生産性を向上させるには，マニュアルなどを厳格に定めて，人によるばらつきを徹底的に排除し，誰でもできるようにする，すなわち「再現性」を高めることで解決することができます。マニュアルだけでなく，ITを使って業務を標準化するなど，さまざまな企業で力を入れている部分です。しかし，マイナス点は取らないけれども，対応が無機質となったりして，プラス点も取れない，人々に感動を与えることができないことが問題となります。
　一方，おもてなしの心遣いは，「私だけに○○してくれた」とか「臨機応変に対応してくれた」という，マニュアル的な対応を越えたところに価値があり，しばしば受け手に感動を与えます。これは，サービスを顧客に直接提供する現場人たちの機転，すなわち「創造性」が必要となります。今までは，経験や感受性，配慮できる性格など，パーソナルなことと考えられていて，誰もがまねできるものではなかった部分です。また，ともすると利益度外視となり，儲からない行動となってしまうことも問題となっています。
　「再現性」と「創造性」，両者は逆行するように思えます。でも，これらを同時に達成する方法があれば，きっと素晴らしいサービスが完成するに違いありません。本当の意味での最高のサービスを，わが国は手に入れることができるはずです。

　この本で紹介する「再現性」と「創造性」の両立を目指す手法は，筆者が宮崎県のブライダル貸衣裳店（株式会社ウエディングM，屋号『トータルウエディングハウス美優館宮崎店』）で，実際に構築し，成果を上げているもので

す。加えて，サービス業だけではなく，小売業も，製造業も，販売員でも営業職の方でも，業種業態，職種を越えて，人と人が接する場においては，有効に作用するものでもあります。

　この成果をまとめたレポート『サービス業に「再現性」と「創造性」をもたらす科学的メソッド』は，その独自性と汎用性を認められ，平成26年度の中小企業診断シンポジウムにて，中小企業庁長官賞を受賞することができました。

　そのレポートを，物語風の書籍としたのが，本著です。ぜひご一読いただき，読者の皆様のお仕事にお役立ていただくことを，祈念するものであります。

　　　　　　　　　　　　　　　株式会社エッグスコンサルティング　代表取締役
　　　　　　　　　　　　　　　　　　　中小企業診断士　東 條 裕 一

1．何が問題なのか？

　ここは，東京の世田谷区三軒茶屋。
　にんじんタワーという高層ビルディングが見える，商店街のはずれにある猫酒場『はちわれ』には，夕方になると，仕事のストレスを発散したいサラリーマン猫や，女子会を楽しみたいOL猫たちが，集まってきます。
　この店は，20年前に，新潟で日本酒を造る蔵元の次男坊が上京し，小さな飲み屋を創業したのが始まりです。街の発展とともに店も軌道に乗り，売上もそれなりに大きくなりましたが，創業者の老衰がきっかけで，息子のにゃん左衛門が5年前から社長となり，店を継いでいます。

　　　　　　　＊　　　　　　　＊　　　　　　　＊

　そこで働く社員の，にゃん吉・にゃん介・にゃん美が，お酒や料理を運びながら，こんなことを考えていました。

>　にゃん吉　　あー，疲れた。ホントお客さんの相手は疲れるニャン。お客さんが喜んでくれるのはうれしいけれど，なんかこう，売上に結びつかないんだよね。頑張っている割には，給料も上がらないし。

　おっ，にゃん吉の愚痴がまた始まったようです。にゃん吉は，お客さん第一主義で，誰に対しても丁寧に接客することで定評があります。お客さんの受けはとてもいいし，ファンも多いのですが，要領が悪いというか，なぜか売上を伸ばせません。

にゃん介　　オレにはオレのやり方があるニャン。それについてきてくれ
　　　　　　　　るお客さんは大事にするし，そうでないお客さんは，まあ言い
　　　　　　　　方は悪いけど，どうでもいいし。
　　　　　　　　　　だって，ストレスを抱えて仕事をしても楽しくないでしょ。

　にゃん介は，お客さんと感性が合えばすごく好かれるけれど，合わないと
まったく相容れないタイプの店員です。好き嫌いがはっき
りしているというか，お客さんを差別するというか，典型
的な猫型の性格というか。
　だから，売上をもたらしてくれるお客さんもいるけれど，
クレームをもたらすお客さんもいて，トータルすると売上
はいまひとつパッとしません。
　　　にゃん美　　お客さんと会話したり，気持ちを先読みして対応したりして，
　　　　　　　　喜んでもらうのが私の生きがい。将来は自分のお店を持って，
　　　　　　　　理想の居酒屋を作るのが夢だニャン。

　にゃん美は，『接客の女王』と呼ばれるほどの社員です。
少々おっちょこちょいで，ミスも少なくありませんが，それ
もご愛敬。彼女の感性に富んだ接客は，誰にでもまねができ
るものではなく，持ち前の美貌も相まって，お客さんをすぐ
にファンにしてしまいます。彼女がお目当てのオス猫客もか
なりの数になります。

　確かに，お店の来客数はそれなりですが，以前と比べると減少している感が
否めません。また，接客面でのやり方が違うなど，店員の対応にばらつきがあ
り，お客さんの評判は必ずしもよくないようです。
　最近では，お客さん1人当たりの単価も目立って下がり続けており，このま
ま放っておくと，赤字になるのも時間の問題です。
　社長のにゃん左衛門は，焦りを感じて，サービス業に詳しいコンサルタント
に解決を依頼することにしました。

1．何が問題なのか？

　　　　　　＊　　　　　　　＊　　　　　　　＊

　数日後，にゃん吉・にゃん介・にゃん美の前に，イケメン猫のコンサルタントがさっそうと現れました。

　　にゃん野　やあ，みなさんこんにちは。コンサルタントのにゃん野です。
　　　　　　　これから少しの間，皆さんと一緒に，お店をよくしていくために，さまざまな取り組みをしていきたいと思います。
　　　　　　　よろしくお願いしますね。

さすがに，サービス業に詳しいコンサルタントです。とても話しやすい感じで，ありがちな押し付けがましいコンサルタントとは違います。

でも，3人は，内心では面白くはありません。今までの自分たちのやり方を否定されそうな気がしているからです。

　　にゃん吉　確かに，今は結果が出てないけれど，こんなにお客さんがよく思ってくれているのだから，そのうち売上はあがるはずニャン。コンサルタントの支援なんか必要ないし。社長ももう少し辛抱強く待っていてくれればいいのにニャー。

　　にゃん介　あー，面倒くさいニャン。あれこれ指図されたらやる気なくすし。結局，店の業績は，店員のやる気次第でしょ。

　　にゃん美　これ以上何しろと言うニャン。あたしは決められたことちゃんとやってるし，それで文句言われたらかなわないニャン。

　　　　　　　＊　　　　　　＊　　　　　　＊

　前途多難なお店の改革が，これから始まろうとしています。社員がこんな気持ちで，本当に上手くいくのでしょうか？

　このお話しは，猫酒場『はちわれ』を舞台にした，にゃん左衛門社長に，にゃん吉・にゃん介・にゃん美，そしてコンサルタントにゃん野の，お店の復活を賭けた物語です。

1．何が問題なのか？

【解　　説】

　わが国のサービス業は，「細かい心遣いがある」，「思いやりの精神に満ちている」，「おもてなしの気持ちがある」など，諸外国と比べて素晴らしいものがあります。一方で，生産性が低く，利益につながりにくいといった批判があることも事実です。

　サービス業は，人間の行動による見えない商品を提供するものであるため，見える商品を売る小売業などとは商売のやり方が大きく異なります。一般的に，サービス業の特性とは，「無形性」，「異質性」，「不可分性」，「消滅性」，「需要の変動性」といわれており，これらがサービス業の経営に難しさをもたらす原因となっています。

① 無 形 性

　「無形性」とは，サービスには形がないということです。購買前にその品質を判断することができません。また，購買後もモノとして所有できないので，お客様の要求水準が高くなるといえます。

② 異 質 性

　「異質性」とは，サービスの提供者の経験やノウハウの違いにより，品質を標準化することが難しいということです。

③ 不 可 分 性

　「不可分性」とは，サービスは提供された時が消費される時であり，提供と消費は時間的に分けることができないということです。

④ 消 滅 性

　「消滅性」とは，サービスを受けた後には何も残らないということです。

⑤ 需要の変動性

　ホテルやレストランのなどのサービス業は，需要の発生が集中する時期もあれば，閑散とする時期もあり，それをコントロールすることが困難で

あるということです。

　サービス業の生産性の低さは，特に②のように，提供する人の経験やノウハウのばらつきが原因ということが少なくありません。機械設備を使って，常に一定の品質の商品を生産できればいいのですが，人が行うことなので品質は同じにはできません。新人には教育が必要ですし，経験年数が同じくらいでも，性格や仕事の習熟度の違いによって，サービス品質が異なってしまいます。

　一方で，③のように，サービスの提供と消費が同時ということは，提供者とお客様の間にコミュニケーションが生まれるため，提供者の対応が素晴らしければ，お客様に大きな満足を提供できる可能性もあります。これは，立派な施設や設備を持っているお金持ちの会社が，かならずしも有利ということではなく，提供する人さえしっかりとしていれば，お金のない会社でも，優位に立てる可能性が十分あるということです。

1. 何が問題なのか？

　　　　　＊　　　　　　　＊　　　　　　　＊

　まず，コンサルタントのにゃん野は，にゃん左衛門社長にお店の現状を聞きました。

　　にゃん野　　最近あまり儲かっていないみたいですけど，何が原因なんですか？

　　にゃん左衛門　　んー，やっぱりお客さんが少なくなってきてる気がするニャー。それと，みんなあまりお金を使わなくなって，1人当たりの単価も下がってきていると思うニャン。

　　にゃん野　　なんか，ずいぶんと曖昧な気がします。
　　　　では，来店するお客様が減少していて，加えて，以前よりお金を使わなくなったとしましょう。社長は，何が原因だと考えていますか？

　コンサルタントらしく，にゃん野は追及していきます。

　　にゃん左衛門　　やっぱり景気のせいでしょ？
　　　　この間，乗ったタクシーの運転手も，景気が悪くてみんな飲みに出ないって言ってたし。それと，若い猫たちが外食にお金を使わないようになったと思うニャン。昨日のテレビでも，携帯電話やスマートフォンにお金がかかるので，他の出費を節約していると言っていたニャン。

　　にゃん野　　確かに，その傾向があることは間違いないですよね。でも，それは最近始まったことではないのでは？
　　　　『はちわれ』の売上が急激に下がってきたのは，ここ1年ということですし，他に理由は考えられませんか？　たとえば，他の店にお客様を取られているとか？

　　にゃん左衛門　　あー，この間，お客さんの会話を聞いたんだけど，最近この近くに『アビシニアン』という店ができて，いい雰囲気だから今度行ってみたいと言っていたニャン。となり町の『三

毛』という居酒屋は，老舗で昔から人気があるニャン。あっ，それと昨年，格安居酒屋チェーンの『のら』が駅前に出店したニャン。

にゃん野　それらの店にお客様を取られた可能性がありますね。社長は，その3店に実際に行ったことがありますか？

にゃん左衛門　そんな他の猫が経営している店になんて，行くわけないニャン！　なんでライバルを儲けさせなきゃいけないニャン！

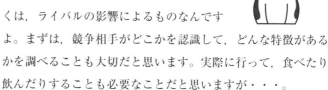

にゃん野　一般的に，売上が下がっている理由の多くは，ライバルの影響によるものなんですよ。まずは，競争相手がどこかを認識して，どんな特徴があるかを調べることも大切だと思います。実際に行って，食べたり飲んだりすることも必要なことだと思いますが・・・。

にゃん左衛門　まあ，言われてみれば，そうなんだけどね。

　　　　　　＊　　　　　　　＊　　　　　　　＊

　早速，にゃん左衛門社長は，自ら『アビシニアン』，『三毛』，『のら』の3店を，お客さんのふりをして調べてみました。結果は，つぎのとおりでした。

洋風居酒屋　『アビシニアン』

　一言でいうと，洋風でとても上品なお店です。

　内装はシックにまとめてあり，料理も見栄えのよい器に洒落た盛り付け，お酒はワインを中心とした品揃えで，皆でワイワイと飲むというより，贅沢な時間と空間を味わうという雰囲気です。店員の対応も洗練されており，来店したお客さんは，まるでホテルに来たような感覚になります。お客さんと一定の距離感を置きながらも，目配りは欠かしません。価格帯はちょっと高めですが，デートや大切な時の飲み会などには適しているように映ります。

1．何が問題なのか？

にゃん左衛門社長は，「自分も特別な時には使ってみたいお店だな」と思いました。特に感心したのは，店員さんがきびきびとしていること，そしてお客さんを大切に扱っているなと感じられることでした。アットホームな雰囲気はありませんが，従業員やアルバイトがさっそうとお客さんに対応する姿は，しっかりとした教育とマニュアルの賜物だなと容易に想像がつきました。

大衆居酒屋 『三毛』

一言でいうと，昔ながらの家族的な飲み屋です。

お酒はビールと日本酒が中心，料理は種類が多く，味もまあまあ，価格もリーズナブル。リピーターがほとんどというのも特徴です。そして何と言っても，名物おかみが売りのお店で，お客さん一人ひとりに人懐っこく対応しています。多少の注文漏れがあってもご愛敬といった感じで，おかみに会いに店に来るというヘビーユーザーも珍しくありません。

このように，常連さんが多いので，初めて訪れるには，ちょっとハードルが高いものがありましたが，雑誌の『名物おかみ特集』に掲載されてからは，新規の来店客が激増し，予約をしないと入れない店になってしまいました。よって，古くから贔屓にしている常連さんは，ちょっと不満げであるような噂を聞いたこともあります。

にゃん左衛門社長は，価格は同等で，料理の質などは勝てると思いましたが，名物おか

みの猫力（人間力）は強烈なものがあり，その点はどうあがいてもかなわないと感じました。一方で，接客員3名は，おかみの陰に隠れて目立ちませんでしたが，ちょっと不愛想でよい印象を受けませんでした。

大手居酒屋チェーン 『の　　ら』

　一言でいうと，どこにでもある居酒屋チェーンです。

　お酒は，ビールから日本酒，洋酒までなんでも揃っています。料理については，セントラルキッチン方式（※）を採用し，調理工場で作られたものを運んできて，お店で最終加工をして出すという形態になっています。よって，味は，お世辞にもおいしいとは言えません。

　また，テーブルにある端末機で，お客さんが自ら注文するようになっており，機械化を進めて店員さんの人数を極力少なくし，接客をしないで対応するような店舗運営を行っています。人件費をかけない分，この界隈ではもっとも安い価格で飲めるお店です。

　にゃん左衛門社長は，『のら』によって『はちわれ』のお客さんが相当数取られているなと感じました。しかし，価格で勝負しても到底勝ち目がないことはわかっており，違う部分で勝負する必要性を感じました。

　※　セントラルキッチン方式
　　　チェーン展開をしているレストランや居酒屋などが，店舗には調理機能を持たず，セントラルキッチンという集中調理場で集中的に調理する方式。各店舗は，配達された調理済み食品を電子レンジなどで温めて盛りつける。多店舗でも同じ質の味を低廉な価格で提供できる。

1. 何が問題なのか？

　　　　　＊　　　　　　＊　　　　　　＊

　にゃん左衛門社長は，これら3店を調査して，『はちわれ』の来店客数の減少，客単価の減少は，当然のことと理解しました。今まで，景気のせい，消費者の生活スタイルの変化のせいと，自分の責任から逃げ回っていたことを恥ずかしく思い，他店が努力して特徴を出す中で，『はちわれ』には大きな特徴がないことをあらためて実感しました。

　感じたことを，コンサルタントのにゃん野に報告すると，

　　にゃん野　よく調査しましたね。
　　　　　　　来店客が少なくなったのも客単価が減ったのも，当店が他店と差別化ができていないからという仮説が立ちました。仮説が正しい場合には，差別化するための特徴というものは，自然と作られるものではありません。自分たちで意識を持って作っていくものですよ。

　にゃん左衛門社長は，気持を新たにして自分の店を見直し，競合する3店とは違う何かを作ろうと決意しました。

【解　　説】

「お客さんはいろいろな店の味を知っているが，店主は自分の店の味しか知らない」

これは，飲食業界でよく言われる言葉です。この言葉は，飲食業に限らず，どの企業にも当てはまることではないでしょうか。

経営者は，とかく業績の悪化を景気のせいなどにして，仕方のないものと捉えがちです。しかし，自分の会社より努力をして，頑張っている競合他社にお客様を奪われているかもしれません。

ここで考えたいのは，自社の業績が，パイの縮小によって悪化したものか，それともシェアの減少によって悪化したものかをしっかりと見極めることです。大抵の場合は，両方が原因となっていることが多いのですが，シェアが減少している，すなわち他社に負けていることを知ることによって，現実を受け止める意識が持てるようになり，取るべき打ち手も見出せるようになります。

事例の居酒屋『はちわれ』のにゃん左衛門社長も，
○　景気が悪いから
○　若者が飲食にお金を使わなくなったから
と，売上の減少の原因を捉えていました。これは，全体のパイの縮小を見ているだけです。

しかし，今回の競合店調査で，
○　『アビシニアン』の洗練された料理・空間・接客
○　『三毛』の名物おかみによる人間味あふれる接客
○　『のら』のシステム化，機械化による低価格な対応
という各店の特徴を目にしたことより，『はちわれ』が負けていることがわかったのです。こうして，シェアの減少，すなわち負け状態を直視することが

できました。

　会社の業績の変化は，ほとんどの場合，競争環境の変化にあります。自分の会社や商品が，どこと競合しているのか，勝っている点・劣っている点は何なのか，を理解することが大切です。

2．どこで勝負する？　なにで勝負する？

　にゃん左衛門社長は，悩んでいました。
　父から居酒屋を継いで5年，なんとなく商売をしてきました。この間，それなりにお客さんも来てくれていたので，何かを変えようと思ったことはありませんでした。
　しかし，猫酒場『はちわれ』の経営環境は，間違いなく変わったのです。したがって，店も，自分も変わらなければいけない。でも，どう変わればいいのかがわからず，迷っていました。

　　　　　　　　＊　　　　　＊　　　　　＊

　コンサルタントのにゃん野に相談すると，

　　にゃん野　　そうですねー，お客様に他の3店との違いを見せないといけないですからね。
　　　　『アビシニアン』は，洋酒や洋食が中心で，洗練されたクールな接客が特徴ですよね。
　　　　『三毛』は，日本酒やビールに，料理も多彩ですが，味はそれほどでもない。人懐っこいおかみが強み。でも，社員の接客はバラツキがありそうで，総合力では今一歩ですよね。
　　　　『のら』は，お酒も料理も豊富で，安価だけれど，料理の味は今一歩。でも，人の配置を減らすなどして，安価にしているのが強みですよね。
　　　　三者三様ですね。これらを考慮しながら，『はちわれ』の強

2．どこで勝負する？ なにで勝負する？

み，他店にない特徴を店員の皆さんで列挙してみてはいかがでしょうか。

とは言え，なかなか出ないでしょうから，お客様から喜ばれたこと，褒められたことを考えるのも，結果として強みを見出すことになります。

社員さんにもこの付箋を渡して，1枚に1個，お店の強みを挙げてもらってください。

1人20個がノルマでお願いしますね。

と，附箋の束をにゃん左衛門社長に手渡しました。

にゃん左衛門社長は，にゃん吉・にゃん介・にゃん美にそのことを告げ，自らも課題に取り組みました。

　　にゃん左衛門　　強みといっても，特別なことはないニャン。お客さんに言われたことをやっているだけだし。褒められたこと，喜ばれたことか・・・。

　　　あ，そう言えば，父の実家が新潟の蔵元なので，有名じゃないけどおいしいお酒を仕入れているニャン。これが日本酒好きの，ちょっとマニアックなお客さんに喜ばれているなー。とりあえず強みになるかなー。

　　　料理については，それほどメニューは多くないけど，丁寧な作り方で評判はいいニャン。毎日市場から新鮮な魚や肉，野菜を買ってきて店内で仕込みをしているニャン。

　　　こんな点が，うちのお店がお客さんをしっかりと掴んできた理由といえるでしょ。これは間違いなく強みだニャン！

ブツブツ言いながら考えること5時間。いくら猫が夜行性といはいえ，いつのまにか夜明けが近づいてきており，にゃん左衛門社長は，机に突っ伏してそのまま寝てしまいました。

　　　　　　＊　　　　　　＊　　　　　　＊

　翌日の閉店後，にゃん左衛門に，にゃん吉・にゃん介・にゃん美，そしてコンサルタントのにゃん野を含めた５名は，書いてきた附箋を持ち寄って，話し合いを始めました。

　全部で約80枚の附箋がホワイトボードに貼り出されると，にゃん美が感心したように言いました。

にゃん美　気づかなかったけど，うちのお店ってちゃんと強みを持っているニャン。

にゃん吉　確かにそうだ。もっとこれらをアピールすれば，お客さんが増えそうだニャン。

にゃん野　そうですね。あらためて考えてみないと，自分たちの強みというのはわからないものなんですよ。

　　　　　では，皆さんが書いてくれた附箋の内容は，重複していたり，他の３店と比較して差別化できなかったりするものがあるので，とりあえず整理してみましょう。

　にゃん野が附箋をひとつずつ確かめて，集約したり，削除したりしていくと，つぎのような附箋が残りました。

○　社長のおじさんが経営する新潟の蔵元から，有名ではないけれど，おいしいお酒が調達できる。

○　板前さんは，新鮮な食材を使った丁寧な仕事で，おいしい料理を出している。

○　社長は，日本酒の知識が豊富である。

○　新潟のおいしいお米や食材が手に入る。

○　接客従業員が，若くて明るくハキハキとしている。

2．どこで勝負する？ なにで勝負する？

- ○ カウンター，テーブル席，座敷，個室があり，お客様の用途にあった場が提供できる。
- ○ 『はちわれ』スタンプカードを発行しており，その会員が700名いる。

にゃん野　さあ，整理できましたね。

ここから，当店はどのような店であるべきかを皆で考えましょう。もちろん，一番大切なのは，にゃん左衛門社長のお店に対する思いや，こんな店にしたいという意思ですよ。お店のあるべき姿が明確化できると，店づくりの骨格が決まります。

コンサルタントのにゃん野は，結論が見えているような表情でしたが，そこはゴクリと言葉を飲み込み，皆に意見を求めました。

　　　　　＊　　　　　　　＊　　　　　　　＊

すると，にゃん左衛門社長が訴えるように話し始めました。

にゃん左衛門　もともと親父の実家が小さな蔵元で，親父がその利を生かして始めたのがこの店だニャン。親父の父つまりおじいちゃんは，頑固な職人でおいしいお酒を造ったけど，商売がへたくそで全然有名な蔵元にならなかった。いまは親父の兄貴，つまりおじさんが継いでいるけど，やっぱり無名だニャン。

でも，あいかわらず，味は1級品なんだ。純米吟醸の『ねこじゃらし』なんて，ブランドの日本酒と比べたら安いのに格段においしいニャン。

うちの店も時代の流れで，ビール，ハイボール，焼酎，酎ハイと酒の種類を広げていったけど，同じようなものを扱う店が増えて，結局は何を特徴としているのか，わからない店になっ

てしまったニャン。今こそ原点に立ち返って，おいしい日本酒が飲める猫酒場『はちわれ』にしたいニャン。

にゃん吉　確かに，競合の3店は，日本酒の品揃えは中途半端だったり，どこの店でも手に入るような有名なお酒しか置いていなかったり。『ねこじゃらし』は，人に知られていないおいしい日本酒だからこそ，希少性も感じられて差別化できるかもしれないニャン。

にゃん美　だから，この店の内装は，和テイストだったんですね。日本酒をウリにしたお店なら，雰囲気を変える必要がないし，ちょうどいいニャン。

にゃん野　なるほど。みんなが知らないけどおいしい日本酒を出す，通好みの居酒屋って感じですか。悪くないですね。料理もひと工夫して，日本酒にあったものを品揃えするようにすれば，より特徴が強化されそうですね。

にゃん野が発言すると，にゃん介がクールに言いました。

にゃん介　じゃあ，新潟の食材を使ったメニューをもっとたくさん増やしたらいいニャン。地元のお酒に合う料理は，やっぱり地元の食材を使ったものに決まっているニャン。

にゃん野　むやみに幅を広げるのではなく，絞りこむ意識を持つことにより，店づくりの輪郭がはっきりとしてきましたね。では，ここでひとつ質問ですが，お客様は，単にお酒や料理を飲んだり食べたりしたくて，当店に来ると思いますか？

にゃん野は，謎かけのような質問を，にゃん介に投げかけました。

にゃん介　　えっ，そりゃそうに決まっているニャン。他に何の目的があるというの？　あるんなら教えてほしいニャン。

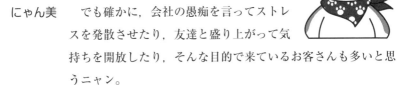

にゃん美　　でも確かに，会社の愚痴を言ってストレスを発散させたり，友達と盛り上がって気持ちを開放したり，そんな目的で来ているお客さんも多いと思うニャン。

にゃん左衛門　　そうか。「もの」を提供するだけでなく，「場」を提供するのも大切だということか。うちの店で提供できる場とは？んーん・・・。

　そうだ！　従業員みんなが明るくて店に活気がある。確かに接客力のばらつきはあるけれど，明るさや，お客さんとの距離感の近さという意味では，他の店に負けることはないニャン。お客さん一人ひとりに則した対応をして，家に帰ってきたようなほっとする場を提供できればいいんじゃないかな？

　幸いにして，多くはないけれど会員700人の顧客情報もある。ここに来ると暖かい気持ちになって，明日への活力がつくような，そんな場を作りたいニャン。

にゃん野　　にゃん左衛門社長が言った，家に帰ってきたようなホッとする場，ここに来ると暖かい気持ちになって，明日への活力がつくような場とは，もう少し具体的に言うと，どんな場なんでしょうかね？

にゃん吉　　そりゃ，お客さんに暖かく接して，真心を込めた応対をすることだニャン。

にゃん美　　いつも笑顔で，明るく返事して，こちら側の元気がお客さんに伝わるような感じかな。

にゃん介　　でも，なんか漠然としてるニャン。

にゃん左衛門　　確かに，どこも同じようなスローガンを立てて，頑張っている居酒屋は多いよな。真心や暖かさ，明るさというものは，ありふれているし，どう提供すればいいのかな。にゃん介が言うように，提供の仕方が漠然としているので，もっと明確にしないといけないと思うニャン。

にゃん左衛門は，腕組みをしながらボソッと言いました。

少し間ができた後に，にゃん野がにゃん左衛門社長に問いかけました。
　　にゃん野　　さっき，にゃん左衛門社長が，「家に帰って来たような」という言葉をあえて使いましたよね。なんでその言葉を使ったのでしょう？
　　にゃん左衛門　　やっぱり，家庭が一番ホッとするニャン。お客さんの中には，単身赴任や，親元を離れて仕事をしている猫もたくさんいるし。家庭持ちのお客さんだって，子供のころに過ごした，すべてを受け入れてくれるような家のような場所を，どこかで求めていると思うニャン。
　　　　あ，そうか。ここに来ると，我が家に帰って来たような・・・，自分のことを知っていてくれて，ちゃんと認めてくれて，放っておいてほしい時には放っておいてくれて。従業員もお客さん同士も声をかけあえる，家族のような雰囲気になれる居酒屋。猫酒場『はちわれ』がそんな居酒屋になれば，どんなに素晴らしいだろう。
　　　　お客さんは，都会で便利さを得ているけど，一方で気取る必要がない，素のままの自分を受け入れてくれる場所を探しているニャン。きっと，自分がやりたいと思っていた居酒屋は，これニャン！

にゃん左衛門社長は，興奮気味に，長い間悩んでいた答えが見つかったような表情で叫びました。

2. どこで勝負する？ なにで勝負する？

　　　　　＊　　　　　　　＊　　　　　　　＊

にゃん野　それでは，まとめると，猫酒場『はちわれ』は，どんな居酒屋を目指すのですか？

にゃん左衛門　都会の生活やストレスの多い仕事に疲れた猫たちに，こだわったお酒，ひと手間かけた料理と，家に帰って来たような気の置けない場を提供する居酒屋だ！

これで行こう！！

にゃん左衛門社長は，完全にイメージが固まったようです。

　にゃん介・にゃん吉・にゃん美は，にゃん左衛門社長の「現状を変えなければならない！」という真剣な態度を目の当たりにして，「自分たちも一緒にがんばらねば！」という気持ちなってきました。

　また，過去のやり方を否定するのではなく，ヒントを与えながら自分たちの意見を聞いてくれる，にゃん野のやり方に引き込まれていき，毛嫌いする気持ちが薄れていきました。

【解　　説】

　欠点を克服する。とても大切なことですが，会社の経営においては，必ずしも優先度は高くありません。「しょっちゅう納期遅れを出す」，「お客様との約束が守れない」など，その欠点を改善しないとお客様からソッポを向かれるような欠点なら別ですが，そうでないのなら，まずは自分の会社の強みを明らかにして，研ぎ澄ますことが大切です。短所を克服することよりも，長所を伸ばすことのほうが重要なのです。

　経営者だけではなく，従業員と一緒になって，自社の強みを列挙してみましょう。お客さまと接する最前線の従業員の意見は，とても参考になります。
　文中にあるように，褒められたこと，感謝されたことを検討することにより，意外な強みが見出されることもあります。可能なら，贔屓にしてくれているお客様にも，なぜ当社・当店を贔屓にしてくれているのか，直接聞いてみましょう。それがわかれば，自分たちの強みが明らかになります。
　商品そのものに機能や特徴，デザインに圧倒的な強みがあるなら幸せです。どんどんアピールすればよいのですが，そのような企業やお店は圧倒的に少数です。大多数は，商品そのものでは差別化できず，それ以外の部分で強みを作らなければなりません。臨機応変さ，気持ちの良い対応，特別感を提供することなど，社員一丸となって，とことん考えなければなりません。
　価格が安いことが強みの会社もあるでしょう。しかし，あなたの会社が中小企業や零細企業なら，多くの場合には，会社や従業員が不幸になります。大量生産，大量購入できる大手企業に対し，価格で太刀打ちができるはずがないし，過度な消耗戦は会社を疲弊させていきます。
　商品や価格以外で，強みを打ち出すことが大切なのです。

2．どこで勝負する？　なにで勝負する？

　この物語の舞台である猫酒場『はちわれ』は，親戚が蔵元という特殊性から，お酒の調達力があること，板前さんの丁寧な仕事で料理がおいしいことなど，提供する商品そのものにも強みを持っているようです。しかし，おいしいお酒はどの店でも手に入るし，大手チェーンが大量購入すれば，価格も安くすることができ，『はちわれ』の優位性はなくなってしまいます。料理についても，安価な店が必ずしもまずいという時代ではなくなりました。大手が採用するセントラルキッチン方式（P.12参照）でも，それなりにおいしいものが作れる工夫がなされています。よって，『はちわれ』の優位性は，これからも絶対的なものというわけではありません。

　コンサルタントのにゃん野は，「お客様は，単にお酒や料理を飲んだり食べたりしたくて，当店に来ると思いますか？」という問いを皆に投げかけました。これは，商品だけに頼ると大切なものを見失うよ，もっと本質を見極めなさい，というメッセージです。にゃん左衛門社長は，さすがに経営者ですね。「場づくり」という言葉を使って，本当に必要なのは，お客さまの居心地のいい空間であることを感じ取りました。この「場」というものは，人と人との関係性，すなわちサービス業の特性のひとつである「不可分性」から生まれることがほとんどです。中小零細企業でも，大手企業と渡り合える部分であり，最も手間をかけて検討し，注力しなければならない部分なのです。

　にゃん左衛門社長は，「家」とか「家族」という言葉で，場を表現しました。明るいとか元気という漠然としたものではなく，かといって具体的な方法論でなく，店のコンセプトを打ち出すことができました。これができたのは，お客様のニーズを総花的に捉えるのではなく，絞りこむことで競合との差別化が考慮できたから，といえます。

　会社を変える，店を変える時の原動力は，経営者の意識です。経営者が真剣に取り組まなければ，誰もついて来ません。その真剣さを周囲が感じ取れることにより，改革の第一歩が始まります。この物語の中でも，一番真剣にお店のことを考えているのは，当然のことながら，にゃん左衛門社長です。

3．目標数値を掲げろ

にゃん左衛門　じゃあ，家に帰って来たような居酒屋，家族に囲まれているような居酒屋にするためには，何をすればいいんだろう。皆は，どう考えるニャン？

にゃん吉　そうだな。まず料理は，新潟の料理を増やすことはもちろんなんだけど，お客さんの舌に合った郷土料理が提供できればいいニャン。東北の料理，九州の料理みたいに，ふるさとが思い出されるように。飲み疲れたら，そのまま泊まれるのもいいなぁ。家飲みのいいところは，酔っぱらったらその場で眠れるということでしょ。

　それと，お客さんから頼まれたことは，すべてYESということ。たばこを買ってきてと言われたら，すぐに飛んでいく，タクシーを拾ってほしいと言われたら，すぐに外に出て・・・。

にゃん野　なるほど，いろいろと出てきましたね。そこで質問ですが，各地の郷土料理を出そうとか，お客様を泊めようとか，お客様の頼みごとすべてにYESと言ったら，確かにお客様は喜ぶでしょうが，反面，デメリットはないでしょうか？

にゃん介　メニューが増えて板さんが大変になるし，って言うか，今の板さんの人数では無理でしょ。材料の仕入れや在庫も多くなるし。それに，お客さんが泊まることになったら，何かあった時のために従業員も泊ま

らなきゃいけないから，絶対に勘弁してほしいニャン。

　すべてYESと言ったら，従業員を何人増やせばいいのか，わかって言ってんの？

クールでマイペースなにゃん介は，批判的です。

　　　　＊　　　　　　＊　　　　　　＊

にゃん左衛門　　お客さんの満足は大切だけど，うちは会社だからね，ちゃんと利益を出すような取り組みじゃないと。そこが家庭と違うところだよ。利益が出なければ，結果，よい料理も高いサービスも継続してお客さんに提供できないニャン。

　また，サービスを提供できる水準まで人を増やせば，それこそ値段がバカ高い店になって，だれもお客さんが来てくれなくなる。結局，お客さんのためにならないニャン。

にゃん左衛門社長は，経営的な見地からクギを刺しました。にゃん野は，コンサルタントらしく言いました。

にゃん野　　そうですね。お店の方向性が決まったら，つぎに目標数値を掲げなければなりません。社長の言うように，会社であれば，ちゃんと売上目標，コスト目標，利益目標を持たないと。

　お客様には喜んでもらえたけど，店が潰れたのでは，どうにもなりませんからね。料理やサービスにどこまで手間をかけるかは，目標数値を決めることで初めて明らかになるんですよ。

にゃん左衛門　　売上の目標は毎年決めているニャン。前年比５％の増加。コストの目標は決めていないけど，それなりにやってこれたニャン。

にゃん野　　では，損益分岐点売上高というのは，意識されていますか？売上とコストがイコールになって，利益がトントンになる時

点の売上高です。これを下回ると赤字になるという売上高のことです。

にゃん左衛門　もちろん，利益トントンというのは意識しているけど，正確には計算したことがないニャー。どうすれば計算できるんだろう？

にゃん野　先月の集計を見ると，月の売上高が100万円で，材料費が30万円，人件費が40万円，家賃その他が40万円で，赤字が10万円となっていますよね。

先月の集計

売　上　高	100万円
材　料　費	30万円
人　件　費	40万円
家賃その他	40万円
利　　　益	▲ 10万円

　損益分岐点売上高は，変動費というものと，固定費というもので計算します。売上と連動して変化するコストを変動費といい，材料費などがそれに当たります。

　一方で，売上にかかわらず固定的に発生する費用は固定費といって，たとえば家賃とか人件費が該当します。正確には，人件費はシフトや残業などがあって変動する部分もあるのですが，あまり細かく考えずにザックリと把握することが大切です。ちょっと，計算機で計算してみますね。

　ここから計算すると・・・，出ました。約115万円を稼がないと，赤字になる計算です。

にゃん左衛門　115万円か。達成する月もあるし，達成しない月もある。総じて達成しているというところかニャン。

にゃん野　これは利益トントンということであって，資金繰りという点では，銀行に返済している金額も含めないといけません。また，

将来を見据えると，今後の店の改修費用や新しいことに向けて，お金を貯めておかなければなりません。月々の返済額5万円と，貯めておきたいお金を仮に5万円として，それを加味すると，約129万円が目標とすべき売上高になります。

にゃん左衛門　えーっ！　それは無理ニャン。
　　　一番売上が見込める12月でも，やっとクリアできる目標だし。毎月平均は無理ニャン。

にゃん野　なるほど。それでは，売上を上げる方法を考えなければなりませんね。それだけではなく，コストを下げることも考えましょう。居酒屋などは，FLコストという有名な指標があって，F（料理の材料費）とL（人件費）の合計が，売上の60％が望ましいという一般論です。先月の集計をあらためて見てみると，当店は70％となっています。これを60％に改善すれば，目標売上高を下げることができます。

にゃん左衛門　よし，売上増とコスト減の両面作戦だニャン。これで目標数値を作るニャン。

何をしなければいけないか，赤字にならないためにはどうすればいいのか，全く見当がつかなかったにゃん左衛門社長ですが，数字を検討することで，やるべきとことが明らかになっていくように感じました。

　　　　　＊　　　　　　　＊　　　　　　　＊

にゃん野　それでは，FLコストを60％にした時点で，必要売上高がいくらになるかを計算してみますね。
　　　先月の集計だけでなく，過去1年間を遡って数字を出してみます。
　　　結果は，次回にお持ちします。

29

　　　　　　＊　　　　　　＊　　　　　　＊

　コンサルタントのにゃん野は，皆に約束して，その場を立ち去りました。

【解　　説】

　会社の活動は，ボランティアではありません。お客様に喜んでいただくのは当然ですが，それに見合う対価を得なければ，商売とはいえません。かと言って，コストに見合った価格を付けて，お客様が選んでくれなかったら，それは価値のない商品やサービスであり，こちらも商売とはいえません。お客様に支持されながら，継続的に売上高を得て適正な利益を獲得することが，商品の価値であり会社の存在価値なのです。

　会社は継続成長していくために，いくら売り上げ，いくら利益を上げるか，目標を掲げます。目標の掲げ方として考えなければいけないのは，損益分岐点売上高です。
　損益分岐点売上高とは，売上とコストがトントンになる，この売上高を下回ると赤字になってしまうという値のことです。『はちわれ』に当てはめると，つぎのようになります。

$$損益分岐点売上高 = \frac{固定費}{1 - \frac{変動費}{売上高}} = \frac{80}{1 - \frac{30}{100}} = 114.3万円 ≒ 115万円$$

　変動費とは，材料費，外注費，発送配達費，販売手数料等のように売上の増加・減少に比例して増減する費用です。固定費とは，売上の増減にかかわりなく発生する費用で，人件費，地代家賃，減価償却費，管理費などです。損益分岐点売上高を求める場合は，費用を，変動費と固定費に分けることが必要になるのですが，これが以外と難しく，完璧にできる会社はありません。
　コンサルタントのにゃん野は，「ザックリで構いません」と言いましたが，大切なのは，厳格性や正確性ではなく，目論見を立てることです。よって，あ

る程度割り切って，変動費と固定費をザックリと分けるようにして，損益分岐点売上高を出すのが現実的です。

　経営者なら，損益分岐点売上高を常に頭に入れておいてください。取引している銀行に聞かれたら，すぐに答えられるようでないと，経営者として「？」マークをつけられてしまうといっても過言ではありません。それくらい大切な数値なのです。

　また，にゃん野は，銀行への返済額5万円と，将来のために貯めておきたい5万円を加味した，『はちわれ』の目標売上高をつぎのとおり示しました。

$$
目標売上高 = \frac{固定費 + 返済額 + 貯めたい額}{1 - \frac{変動額}{売上高}} = \frac{80 + 5 + 5}{1 - \frac{30}{100}} = 128.6万円 ≒ 129万円
$$

　利益トントンでは，銀行に返済するお金が捻出できず，次第にお金が足りなくなっていきます。多くの会社では，借り換えなどによって対応していると思いますが，理想は返済金を支払える売上高を上げることなのは，いうまでもありません。また，将来の投資のためにお金をためることも重要です。投資というと，株や土地を購入する，なにやら派手なことをするように聞こえるかもしれませんが，店や設備が古くなれば，修理や買い替えが発生するので，それに備えた蓄えが必要となります。利益トントンでは，そのお金も捻出できず，古びた店構えによってお客様が遠のき，最後は廃業という悲しいストーリーになってしまいます（ちなみに，税金を考慮すると，さらに目標値が上がります）。

　会社は，このような計算をもとに，目標数値を掲げなければならないわけです。

4．数値を分解することで見えるもの

　数日後，にゃん野が計算結果を持ってきました。変動費は30％のまま変わらず，人件費を30％にすることにより，FLコストを60％にした場合のものです。月々の返済や将来に備えた貯金を加味すると，必要売上高は125万円になりました。

(万円)

売　上　高	125
材　料　費	37.5
人　件　費	37.5
家賃その他	40
銀　行　返　済	5
貯　　　金	5

　　　　　　　＊　　　　　　＊　　　　　　＊

これを目標に，皆は話し合いを始めました。

　にゃん野　　それでは，話し合いを始めましょう。
　　　　　　　データを見ると，現状の月の平均売上が110万円なので，15万円増加させなければなりません。また，人件費を2.5万円減少させることが必要です。まずは，売上を増加させることから考えてみましょうか。

　にゃん介　　15万円といっても，何から始めたらいいかわからないニャン。お客さんを増やす方法もあれば，お客さん1人当たりの飲食代を増やすことも考えられるニャン。

にゃん左衛門　　そういえば，以前読んだ本にこんなことが書いてあったニャン。

にゃん左衛門社長は，テーブルのナプキンを広げ，すらすらと書き始めました。

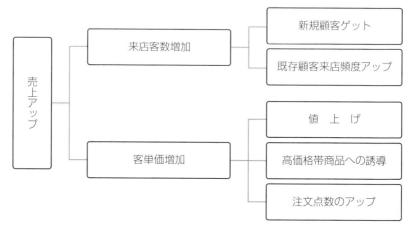

にゃん左衛門　　お客さんを増やすということは，新規のお客さんを増やすだけではなく，馴染みのお客さんや，たまに来るお客さんにもっと頻繁に来てもらう，たとえば10日に1回を5日に1回来てもらうようにすることも含まれるわけだニャン。

　それと，客単価をアップさせるためには，値上げをすることや，お客さん1人当たりの注文数を増やしてもらうこと，さらに値段が高いけど価値あるお酒や料理を注文してもらえるようにすることだ。

にゃん左衛門社長は，ここぞとばかり得意げに話しました。

にゃん野　　さすが社長ですね。よく勉強されています。ちょっとここで質問ですが，現在の1人当たりの客単価はおいくらですか？

にゃん左衛門　よくぞ質問してくれました。だいたい1,000円だニャン。

にゃん野　そうすると，現在の月の平均売上が110万円ですから，110万円÷1,000円で，月の来店客は現状で約1,100人ですね。1日にすると，44人になります。

今回掲げた目標売上高は月125万円ですから，仮にお客様の単価を1,100円にアップすると，125万円÷1,100円で，来店客数が1,137人必要となる計算ですね。1日にすると，えーっと，約46人が必要です。

にゃん野は，計算式をスラスラとナプキンに書きながら言いました。

必要来店数は？
現　状：110万円（月の売上）÷1,000円（客単価）＝1,100人（月の来店客数）
　　　　1日にすると　1,100人÷25日＝44人
目　標：125万円（月の売上）÷1,100円（客単価）＝1,137人（月の来店客数）
　　　　1日にすると　1,137人÷25日≒46人

にゃん左衛門　目標にするには，よい具合の数字だニャン。客単価100円アップで1,100円，来店客数は1日2人増やして46人という計算だニャン。

よし，みんなで来店客数1日2人アップ，客単価100円アップの方法を具体的に考えよう。

目標が明確になったと思ったのか，にゃん左衛門社長は，やや興奮気味です。ところが，にゃん介は，水を差すように言いました。

にゃん介　たいした目標には見えないかもしれないけど，周りの競合店は勢いがあるから，ともすると現状維持も大変な状況でしょ。決して簡単な目標とは思えないニャン。

にゃん左衛門　確かに，にゃん介の言うとおりだニャン。まずは，来店客数の増加策について，みんなの意見を聞きたいニャン。

にゃん美　１日２名増やすといっても，毎日欠かさず来てくれるお客さんなんて数人だから，全然甘くないでしょ。

で，増やす方法だけど，うちの店の前って，意外と人通りが多いと思うニャン。にんじんタワーの中にレンタルビデオ店のTSUTANYANがあるからだと思うんだけど，その割にはみんなお店に入らない。間口が狭いので，みんなここにお店があることを知らないんじゃないかな？

もっとお店をアピールすれば，「ちょっと寄ろう」って入って来ると思うニャン。

にゃん吉　広告は，タウン誌の『三茶ネコ通信』に入れているけど，集客効果ってどうなんだろう。他にもタウン誌はあるし，広告の内容も最初からずっと変えていないし，見直す必要があると思うニャン。

にゃん野が続きます。

にゃん野　１日２人って，簡単そうに見えますが，実はそうではないんです。社長さんから，当店の固定客は大体700人と聞いています。「ネコ飲食業データ」のとおり平均20日に１回飲みに来てくれるとすると，１日35人がいいところです。１日46人にするには，前にも言いましたが，新規を含めた固定客以外のお客様を取っていくか，固定客のお客様に20日に１回よりもっと頻繁に来ていただくかを考えないとならないわけですね。

とは言っても，実際は今でも平均44人が来てくれているわけですから，固定客以外の９人が，どんな理由で来てくれているのかも押さえておく必要があります。それを知ることで，46人へのヒントが見えてくるかもしれませんよ。

> 固定客が700人で20日に1回来てくれるとすると，
>   700人÷20日＝35人
> 固定客では，1日35人しか見込めない。
>   目標：46人－35人＝11人
> この11人をどう取り込む？
>   → 新規を含む固定客以外を獲得する？
>   → 固定客に，中20日よりもっと頻繁に来てもらう？
> 一方で，今でも平均すると44人来ている。固定客が35人だから，9人がそれ以外となる。その9人は，どうして来てくれている？

ですから，来店動機を知ることはとても大切ですよね。店の前を通りかかって気になって入ったのか，広告を見て来たのかを調べたいですね。初めて来店していただいたお客様には，「どうして当店を知りましたか」とさりげなく聞いてみたらいかがでしょうか？ これがわかれば，打ち手が明らかになってくると思います。

ところで，現在のタウン誌の広告費は，確か月6万円ですよね。目標客単価が1,100円で粗利率が70％とすると，1人当たりの粗利が770円です。広告から新規・既存を合わせて最低月78人，すなわち1日3人程度の集客効果が欲しいですよね。

> 1人当たり粗利益：1,100円×70％＝770円
>   ※ 目標の粗利率 （125万円－37.5万円）／125万円＝70％
> 6万円（1月当たり広告費）÷770円≒78人（広告費がペイする人数の目安）
> 78人÷25日≒3人
> 固定客，固定客以外をあわせて，広告で1日当たり3人は集客したい。

にゃん左衛門　そうだな。タウン誌は，固定客のお客さんの来店を促進させる効果もあるだろうけど，固定客以外のお客さんだけでペ

イさせたい。タウン誌で最低月75名くらい，1日当たり3人は獲得したいニャン。

にゃん野　では，月6万円の広告コストで，固定客以外で1日当たり3人をとりあえずの目標としましょう。これから1か月間，広告を見てきたお客様が何人いるのかを確認しましょうよ。特に，広告が出た日や翌日の反応，その後の反応の推移も注意深く調査したいです。あわせて，店の前を通りかかって立ち寄ってくれた固定客以外の来店客の人数も。

にゃん野が問いかけると，皆が同意しました。

　　　　　　　　＊　　　　　　　＊　　　　　　　＊

それから1か月間，初来店してくれたお客さんに，来店のきっかけを聞きました。分析した結果は，つぎのとおりです。

1日平均の新規を含む固定客以外の来店数	10人
うち広告を見てきた	2人
うち通りがかりできた	3人
うち紹介されてきた	3人
不明	2人
1日平均固定客の来店数	33人
うち取り立てて理由なく	22人
うち会合で来た	8人
うち広告を見て来た	1人
不明	2人

にゃん左衛門　んー。想定内の結果が出たという感じだニャン。広告の効果という意味では，固定客以外で3人を集客するという目標

に足りていないし，検討が必要だニャン。

　それと，にゃん美が言っていたとおり，通りがかりで来たお客さんが少ない。これだけ通行する猫が多いのに，これは問題だニャン。

にゃん美　　それでは，広告の掲載頻度を変えてみますか。それとも，もっと大きく掲載しますか？

にゃん左衛門　　広告は，最低3人の集客を目標とするけど，コストは現状としたい。増やす前にやることがあるニャン。とりあえず広告の内容を見直したいし，それでもだめなら掲載誌を変えることを考えたいニャン。

　そのうえで，広告から3人，通りがかりから5人，口コミや紹介から3人の集客を目標にするニャン。これを達成するために何をしなくてはならないか，1週間で各自考えてほしいニャン。まとめ役は，広告がにゃん吉，通りがかりがにゃん介，口コミや紹介がにゃん美でお願いするニャン。

にゃん左衛門社長は経営者らしく，目標をたてました。

目　標：新規を含め，固定客以外からの来店を11名増加させる。
　　・広告から3名　　　　　担当　にゃん吉
　　・通りがかりから5名　　担当　にゃん介
　　・口コミや紹介から3名　担当　にゃん美

そこから会議は，延々と続きました。

　　　　　＊　　　　　＊　　　　　＊

にゃん左衛門　　じゃあ，次は1人当たり単価の100円アップを検討しよう・・・。

そのつぎは，人件費のカット。あっ，みんなの給与を下げるということではなくてね（汗）・・・。

その1週間後に，以下のことが決まりました。

【固定客以外の集客について】

広告から3名

　『三茶ねこ通信』の広告を見直して，以下のことをアピール

　　・家に居るような，くつろげる空間

　　・店員がフレンドリー

　　・新潟蔵元直送の幻の酒『ねこじゃらし』の飲める店

　　・新潟郷土料理が食べられる店

通りがかりから5名

　店頭の改善

　看板によって，うちが何屋で，何が名物で，どのような特徴があるのかが，わかる表現に

　その日のおすすめメニューを黒板に記述，料金も明示

　手が空いているときは，店員が店頭でチラシ配り

口コミや紹介から3名

　期待以上のサービス（接客マニュアルづくり）

　ご紹介チラシ

【客単価100円アップについて】

　今日のおすすめを注文してもらう比率を50％にすることで，10円アップ

　ビール対日本酒の比率を6：4から5：5にすることで，20円アップ

4．数値を分解することで見えるもの

> 料理の注文を1点増やしてもらうことで，40円アップ
> 〆のねこまんま（新潟産のお米を使用）の注文率を10%高めることで，10円アップ
> デザートの注文率を10％高めることで，20円アップ
>
> 【人件費2.5万円カットについて】
> 今月やめる調理場のアルバイトの補充を行わないことで，▲2.5万円
> 補充しないで調理場をまわすために，
> ・メニューの絞りこみ
>   注文が月5回以下のメニュー15品目をカット，新メニュー5品目の増加で，差し引き10品目の削減により，板前さんの調理の効率化
> ・ミスややり直しの削減
>   マニュアル化により，ミスをなくすと同時に動きを標準化させて，効率化アップ
> ・調理場レイアウトの見直し
>   板前さんが動きやすいレイアウトにして，スピードアップ，効率化

　　　　　　　＊　　　　　　＊　　　　　　＊

　にゃん野の指導のもと，やるべきことがはっきりとしてきました。もちろん目論見どおりの結果がでるかどうかはわかりませんが，目標数値を決めて，それを達成するための手段を明確化したことで，利益がしっかりととれる体制が整いそうな気がしていました。あとは実行あるのみです。
　猫酒場『はちわれ』は皆で決起集会をひらき，互いの健闘を誓い合いました。

【解　　説】

　会社は，利益を上げることが大きな目標のひとつです。そのためには，売上を上げる，コストを下げるという二つの方法があります。しかし，二つの方法は，ちょっと抽象的すぎます。したがって，数字を分解して具体化することが求められます。今回の『はちわれ』のケースでは，月125万円の売上を上げるために，1日の来店客数を46人，1人当たりの単価を1,100円としました。さらに，固定客以外のお客様の来店目標を，広告で3人，通りがかりで5人，口コミや紹介で3人の計11人と定めたのです。

　これだけ，数字が分解されれば，やるべきことが具体的に見えてきます。具体化すると，誰が何をするべきか決めやすいし，社員にとっても今やっている仕事に関連づけながら考えられるようになります。普段やっている仕事の中に，新たに取り組むべきことを落とし込むこと，これが大きな成果を生むのです。

　このように，目標を分解していく手法は，ロジカルシンキングでいうところの「目的と手段のツリー」が役に立ちます。目的や目標を決めて，その目標を達成するために手段を考える，さらにその手段を目的と置き換えて，その目的に対する手段を考えるということです。

4．数値を分解することで見えるもの

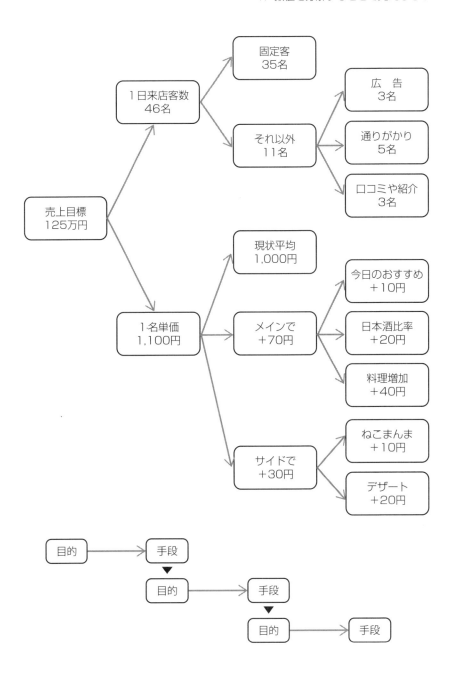

5．生産管理を活用せよ

　にゃん左衛門社長がつぎに取りかかったのが，FLコストのLの削減，すなわち人件費の削減でした。たまたま今月やめる調理場のアルバイトがいたので，補充を行わなくても仕事が回る方法を考えることにしました。

　まず行ったのが，前回決めた人件費カット策の確認でした。

【人件費2.5万円カットについて】

　今月やめる調理場のアルバイトの補充を行わないことで，▲2.5万円
　補充しないで調理場をまわすために，
　・メニューの絞りこみ
　　　注文が月5回以下のメニュー15品目をカット，新メニュー5品目の増加で，差し引き10品目の削減により，板前さんの調理の効率化
　・ミスややり直しの削減
　　　マニュアル化により，ミスをなくすと同時に動きを標準化させて，効率化アップ
　・調理場レイアウトの見直し
　　　板前さんが動きやすいレイアウトにして，スピードアップ，効率化

　　　　　　　　　＊　　　　　　　＊　　　　　　　＊

　にゃん左衛門　　決めたことはなんとなくわかるんだけど，具体的にどうしていいのかわからないものがあるニャン。特にわからないのが，マニュアルづくりとレイアウトの見直しだ。調理場だから料理のマニュアルが中心になるんだろうけど，一つひとつの料理をレシピ化，マニュアル化したら大変なことになってしまう。

5．生産管理を活用せよ

時間もかかり残業も増えて，それこそ人件費が大幅アップだニャン。

にゃん野　確かに，そのとおりですね。すべてをやっていたら，大変なことになるでしょうね。私が考えているマニュアル化というのは，一つ目が，1日のルーチン業務を標準化すること，二つ目が，よく注文されている料理を中心にレシピ化することです。

にゃん左衛門　ルーチン業務の標準化って何？

にゃん野　はい。たとえば，板さんの仕事で最も重要なもののひとつは，「食材発注」ですよね。まず，板さんはその日の需要予測をするはずです。

さまざまな要因から，お客様の来店数を予想して，何をどれくらい仕込むかを決めますよね。当然ながら，社長や他の社員の意見も聞きながら決めていると思います。板さんを中心に，仕入れに影響がありそうな要因を列挙してみて，判断基準をザックリ決めてみたらどうでしょう。

たとえば，「宴会がある・なし」，「季節」，「月初・月中・月末」，「曜日」，「天候」，「近隣のイベント」などです。

にゃん野は，さらに続けます。

にゃん野　つぎに，総量が決まったら，食材の在庫を確認して，その日に調達すべき食材とその量を決めますよね。

その時に，この食材は，仕入先の○○商店か△△物産に発注すると決めておけば，板さんが体調を崩して休んでも代わりの人ができます。また，発注から納品までに時間のかかる食材は，たとえば毎週月曜日に在庫を確認して発注するなどのルールが必要でしょう。その食材の品目と，在庫確認日を定めておくこ

とで，抜け漏れによる売り切れや，特急対応による余分なコストがかからずに済みます。

　このように，単純な作業や，繰り返す作業は，ルールを決めておいて，板さんがあまり考えずにできるようにすればいいんです。

にゃん野は，スラスラと，図を書き始めました。

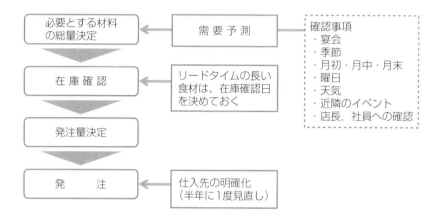

にゃん左衛門　　なるほど，今までなんとなくでやっていたから，いろいろと非効率なことが起きていたわけだニャン。まずは，板さんの業務を列挙して，決め事を作ればいいということか。「食材発注」だけでなく，「仕込み」，「かたづけ」あたりを，マニュアル化することにしようニャン。

　それと，料理のレシピ化は，よく注文される料理を優先するということだけど，具体的には？

にゃん左衛門社長が聞くと，にゃん野は，かばんから資料を取り出しました。

にゃん野　　はい，ABC分析というのを聞いたことがありますか？

　量の多いものから順番にならべたグラフのことなんですが，単純な割にはとても便利で，何を優先するべきかが視覚でわかるんです。これで，レシピを優先的に作るものと，当面放って

5．生産管理を活用せよ

おくものを判断するんですよ。以前いただいたデータで作ってありますから，説明しますね。

このグラフによると，『またたびの素揚げ』，『ツナやっこ』，『かつおの猫パンチ』，『焦げさんま』がよく出ていますね。折れ線グラフは，累計の割合を表しますが，この4品で全体の72％くらいを占めていることがわかります。この4品目を，まずレシピ化してはいかがですか？

メニューのABC分析

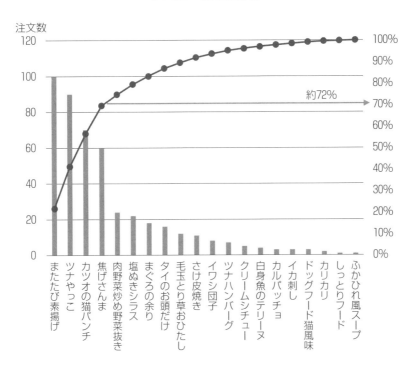

にゃん左衛門　なるほどねー。これなら，何を優先するべきか一目瞭然でわかるわけだ。早速，この四つをレシピ化することにしようニャン。

　　で，これはわかったけど，レイアウトの見直しをどのように行うのか，その具体策がわからないんだよね。板さんの話しを聞いて，それを反映するようなレイアウトにしたらいいということなのかな？

　　でも，動かせないものもたくさんあるから，現実的には難しそうだニャン。

にゃん野　あまり複雑に考えると，結局やり切れなくなりますから，単純に考えましょう。調理場の要素は，大きく分けて，つぎのとおりですよね。

```
①　調理台（カウンター）
②　手洗い場
③　ガ　ス　台
④　シ　ン　ク
⑤　食　器　棚
⑥　冷　蔵　庫
```

『はちわれ』の厨房のレイアウト

③ガス台			⑤食器棚	⑥冷蔵庫
	④シンク			
①調理台		②手洗い場		

5. 生産管理を活用せよ

　それでは，ある1日の板さんを観察して，つぎの表を埋めていただけないですか？

から ＼ へ	①調理台	②手洗い場	③ガス台	④シンク	⑤食器棚	⑥冷蔵庫
① 調理台						
② 手洗い場						
③ ガス台						
④ シンク						
⑤ 食器棚						
⑥ 冷蔵庫						

　この表は，「フロムツーチャート」といって，どこからどこに移動するのか，回数を書くものです。たとえば，「①調理台から⑥冷蔵庫へ」移動するのが1日30回，逆に「⑥冷蔵庫から①調理台へ」移動するのが1日20回といった具合に，単純に移動した回数を記入するだけです。

　板さんが2人いるので，監察員は2名必要ですね。でもやることは単純なので，アルバイトをお願いしましょう。

にゃん左衛門　なるほど，回数が多いところの距離が近いほうが理想的なわけだニャン。さっきも言ったとおり，動かせないものもたくさんあるけど，とりあえずやってみますよ。

にゃん野　それではよろしくお願いします。

　　　＊　　　　　＊　　　　　＊

数日たって，簡単に結果が出ました。それぞれの移動回数は，つぎのとおりになりました。

から ＼ へ	①調理台	②手洗い場	③ガス台	④シンク	⑤食器棚	⑥冷蔵庫
① 調理台		14	21	19	36	44
② 手洗い場	11		4	0	8	12
③ ガス台	29	0		15	8	16
④ シンク	22	0	37		9	12
⑤ 食器棚	49	0	14	38		11
⑥ 冷蔵庫	37	0	13	48	16	

(1)	(2)	(1)→(2)	(2)→(1)	合 計
調理台	手洗い場	14	11	25
調理台	ガス台	21	29	**50**
調理台	シンク	19	22	**41**
調理台	食器棚	36	49	**85**
調理台	冷蔵庫	44	37	**81**
手洗い場	ガス台	4	0	4
手洗い場	シンク	0	0	0
手洗い場	食器棚	8	0	8
手洗い場	冷蔵庫	12	0	12
ガス台	シンク	15	37	**52**
ガス台	食器棚	8	14	22
ガス台	冷蔵庫	16	13	29
シンク	食器棚	9	38	**47**
シンク	冷蔵庫	12	48	**60**
食器棚	冷蔵庫	11	16	27

にゃん左衛門　なるほど，調理台と食器棚（85），調理台と冷蔵庫（81）の移動回数が格段に多いということか。

シンクと冷蔵庫 (60)，ガス台とシンク (52)，調理台とガス台 (50)，シンクと食器棚 (47)，調理台とシンク (41) の移動回数も見過ごせないな。

にゃん野　現状のレイアウトで見てみると，調理台と食器棚 (85)，調理台と冷蔵庫 (81) が，少し移動距離があるということになりますね。

にゃん左衛門　そこが困りもんだニャン。冷蔵庫は業務用で移動できないし，食器棚は結構スペースがとられるから，調理台の近くに持ってくるのは難しいニャン。

分析しても，結局何も変えられないってことか。せっかくの苦労が水の泡になったニャン。

ニャン左衛門社長は，愚痴るように言いました。

にゃん野　たとえば，収納を分散させるというのは，考えられないんですか？

にゃん左衛門　えっ，あー，なるほどね。今の冷蔵庫や食器棚そのものを移動するのではなく，よく使う食材や，食器を選んで調理台の近くに置くということか。

確かに，小さな冷蔵庫なら，頑張れば調理台の下に置けそうだニャン。野菜などは，発砲スチロールのクーラーボックスに入れておいてもいいし。食器も，調理台の上にスペースがあるから，棚を作ればいい。ここでも，優先順位付けが役に立つわけだね。

ちょっと費用がかかるけど，長期的に見たら，たいしたことない額だし，とりあえずやってみるニャン。

　　　＊　　　　　＊　　　　　＊

最近のにゃん左衛門社長は，決断と行動に移すスピードがとても早くなりました。話し合って決めたことの成果を，早く確かめたい衝動に駆られているようです。

　料理の絞りこみとマニュアル化，レイアウトの見直しは，すぐに効果が現れました。板さんが考えたり，板さん同士がつまらないことで相談しあったりする時間が少なくなり，現状人員でも，調理時間が短縮し，早く料理が出せるようになりました。ミスも少なくなり，料理材料の廃棄によるロス率も低減したのでした。

【解　説】

　わが国は，製造業の生産性が高いといわれています。製造業の生産管理手法は，人の動き，モノの動き，機械の稼働を，効率化，省力化するメソッドがたくさんあります。それらが，長い年月を経てトライ＆エラーを繰り返しながら検証されて体系化されているのです。

　猫酒場『はちわれ』で使われた，「ＡＢＣ分析」(※) も，「フロムツーチャート」(※) も，生産管理で活用されているものです。

　これらの生産管理のメソッドは，製造業にしか使えないかというと，『はちわれ』の事例のとおり，そうではありません。小売業でも，サービス業でも使えるものは，たくさんあります。まったく新しい効率化手法を生み出すことは，とても難しいですが，他の産業や，他の業界で活用されている手法をうまく導入することができれば，効果の高さはもちろんのこと，効果が出るまでのスピードも早くなります。

※　ＡＢＣ分析
　　重点分析とも呼ばれる。たくさんのモノや要因を，多い順などに並べて，多いものから優先順位を付けて管理しようとするもの。品質管理，在庫管理，商品選定，顧客管理などに使われる。
　　ＡＢＣ分析と一緒に用いられる考え方に，80対20の法則（パレートの法則）という経験則がある。多いものの上位20％を管理すれば，全体の80％を管理できるというものである。

※　フロムツーチャート
　　多種少量生産の職場における機械設備や作業場所の配置計画をするときに用いられるもの。
　　人の移動やモノの運搬といった作業は付加価値を生まない。いかに効率的な運搬の仕組みを作るかを考える必要があり，設備や作業場の移動回数を分析して，レイアウト改善に役立てるもの。

6．接客をマニュアル化せよ

　皆，今回の改革において，一番大きな取り組みは，接客のマニュアルづくりと考えていました。来店客の満足度を高めてリピート率をあげること，客単価をあげることを目的として，やるべきことの抜け漏れをなくすと同時に，無駄な動きを少なくして効率性を高めることが期待されています。

　　　　　　　　　＊　　　　　　＊　　　　　　＊

にゃん左衛門　　よし。それじゃあ，お客さんが来店してから退店するまでに，自分たちは何をするべきかを考えよう。にゃん吉は，普段はどうやって接客しているニャン？

にゃん吉　　お客さんにいつも元気で，気持ちのいい接客だなと思ってもらうように心がけていますよ。叱られて落ち込んでいても，顔に出さずに頑張っているニャン。

にゃん左衛門　　じゃあ，具体的には，どのように行動しているんだ？

にゃん吉　　お客さんの来店に気づいたら，まず元気に挨拶！

　そして席に案内して，メニューを渡し，同時に今日のおすすめの料理を知らせる。「今日はいいまぐろが入ってますよ！」とか。その後いったん下がって，呼ばれたら注文をとって，飲み物とお通しを出す。あとは料理を出したり，注文を受けたりしたときに対応しています。お会計を言われたら伝票を確認して，お金をもらいお釣りを渡す。

　最後に「あーした！」と，これまた元気に挨拶して，出入り口付近まで見送る

6．接客をマニュアル化せよ

　　　　　　ようにしているニャン。
　完璧な対応をしているでしょ，というように，ちょっと自慢気な口調でにゃん吉は話しました。にゃん左衛門社長は，にゃん吉の言った内容を，スラスラとノートに書きました。

> ○　いらっしゃいませの挨拶
> ○　席に案内する
> ○　メニューを渡す
> ○　今日のおすすめを知らせる
> ○　注文をとる
> ○　飲み物とお通しを出す
> ○　その後，お客さんの注文に都度対応
> ○　会計をする
> ○　「ありがとうございました。」の挨拶
> ○　出入り口付近までお見送り

　　にゃん介・にゃん美　　自分たちも同じような感じかな。
　2匹は納得したように，互いにうなずきながら言いました。
　　にゃん左衛門　　皆のやっていることを否定するわけではないが，いままでの動きを続けていくだけでは，何も変わらないわけだニャン。
　　　　で。まず，初めての来店と思われるお客さんには，来店のきっかけを確実に聞きたい。さらに，大事なことは，100円の客単価をアップさせなきゃならないことだ。
　すると，今後は何をしなければならないだろうか？　どう変えなければいけないだろうか？
　もう一度，客単価アップの方策を見直してみると，
　「今日のおすすめを注文してもらう比率を50％にすることで，10円アップ」
　「ビール対日本酒の比率を6：4から5：5にすることで，

20円アップ」

「料理の注文を1点増やしてもらうことで、40円アップ」

「〆のねこまんま（新潟産のお米を使用）の注文比率を10％高めることで、10円アップ」

「デザートの注文比率を10％高めることで、20円アップ」だったね。

これを達成するためには、今の動きに何を加えていけばいいだろうか？

にゃん介　答えは簡単でしょ。

まず、来店のきっかけを知るために、アンケートを作ってお客さんに書いてもらえばいいニャン。こちらの手間も省けるし、お客さんが書くことで、こちらが聞く場合に比べて間違った解釈が起こりにくい。

客単価のアップについては、タイミングを見計らって売りたいものをその都度お客さんに勧めればいいニャン。日本酒の比率を高めたいなら、「とりあえずビール」の1杯目は仕方ないとして、2杯目の注文を受けたときに「おいしい日本酒が入っているんで飲んでみませんか？　新潟から取り寄せた無名だけどおいしいお酒ですよ！」と言えばいいだけのこと。料理の1品追加も、ねこまんまも、デザートも、お客さんの状況を見て、とにかく声掛けするニャン。

にゃん美　それがいいわね。私たちが意識して、しつこいくらい勧めることが大切だと思うニャン。「ハンバーガーと一緒に、ポテトはいかがですか？」的な感じでー。

それと、お店の中に、売りたいお酒や料理

のPOPを作って，たくさん貼っておきましょうよ。きっとお客さんも，「こんな料理やお酒があるんだ」と意識してくれるはずニャン。そうしたら，POPを指さしながら，勧めたいものを勧めやすくなるし。

　すると，ちょっと自信がないのか，もともと口下手なにゃん吉が質問しました。

　　にゃん吉　　まあ，それはよくわかるよ。そのとおりだと思う。だけど，じゃあ，それぞれの場面で，どんな声掛けをするの？　具体的じゃないと，徹底しないんじゃないかな。

　　にゃん左衛門　　そうだな。お客さんにどのように声をかけるのか，はっきりさせたほうがいいかもしれない。そうすれば，皆が同じように，お客さんに勧めることができるし，結果として客単価も高められるのは間違いないニャン。

　　　　　　＊　　　　　　　　＊　　　　　　　　＊

　それから，ワイワイガヤガヤと議論が進み，話し合った結果は，つぎのとおりになりました。

	どういう行動をとる	具体的には？	何を利用する	目標
1	いらっしゃいませの挨拶をする	元気に「いらっしゃいませ」と言う。接客中でも気がつけば，入り口付近を見て挨拶する。		
2	席に案内する	禁煙席，喫煙席の希望を確認する。「お連れ様とお待ち合わせなどありませんか」と確認。「カウンター，テーブル，座敷がございますが，いかがいたしますか」と確認。「こちらへどうぞ」と席まで案内する。		

3	初めてのお客さんには，来店のきっかけを知るためにアンケートを依頼する	「当店のご利用は初めてですか」と確認。 初めての場合は，「初めてお越しのお客さまには来店アンケートをいただいています。ご記入ください」と依頼する。	来店アンケート	
4	メニューを渡す	「メニューをどうぞ」	メニュー	
5	今日のおすすめを知らせる	「今日はおいしい〇〇が入ってますが，よろしければどうぞ」とPOPを指さしながら勧める。 なぜおすすめなのか，理由を毎日の開店前ミーティングで確認しておく。 当日の担当は，開店前にメモで全員に配布すること。	おすすめの店内POP 板さんの今日のおすすめをメモ	
6	注文をとる	注文を復唱し，間違いがないか必ず確認する。		
7	飲み物とお通しを出す	飲み物を出しながら，今日のお通しを説明して提供する。 本日のお通しの説明を，当日の担当は，開店前にメモで全員に配布しておくこと。	担当メモ	
8	2杯目は日本酒を勧める	「あまり知られていませんが，とてもおいしい新潟のお酒が入ってます。いかがですか」 全員，『ねこじゃらし』の説明資料を読んで，内容を暗記できるようにしておく。	お酒の店内POP ねこじゃらしの資料	日本酒比率5割
9	その後，お客さんの注文に都度対応	皿が空きそうになったら，「他にご注文はいかがですか。〇〇もおいしいですよ」 テーブル担当でなくても，皿の空きそうなことに気付いたら，担当に必ず伝えるようにする。		料理1品増加
10	〆の猫まんまを勧める	「〆に人気のねこまんまはいかがですか。新潟のお米を使っていますから，おいしいですよ」	ねこまんまのPOP	注文率10％アップ

6．接客をマニュアル化せよ

11	デザートを勧める	「デザートもいかがですか。おいしいですよ」	デザートのPOP	注文率10％アップ
12	会計をする アンケートを回収する	アンケートの回収も忘れずに。未記入の場合は，その場で書いてもらう。		
13	ありがとうございましたの挨拶	「ありがとうございました。またおいでください」初回のお客さんには，ショップカードを渡す。	ショップカード	
14	出入り口付近までお見送り	丁寧に頭を下げる。		

なんとなくマニュアルっぽくなって来たので，にゃん左衛門社長は満足げです。

にゃん左衛門　おー。結構いい出来栄えじゃない。いける，いけるニャン！

最初から完璧を求めても仕方ないし，とりあえずこの接客マニュアルを，明日から徹底してやってもらおう！

コンサルタントのにゃん野は，この話し合いの間，ほとんど口をはさみませんでした。とりあえず，結果を黙って見守ろうというつもりのようです。

そして，最後に言いました。

にゃん野　それでは1週間試してみて，結果を検証しましょう。

＊　　　　　＊　　　　　＊

にゃん左衛門社長はじめ，メンバーは，そんなに早く結果が出るものだろうかと疑問に思いながらも，にゃん野の言うとおりに，1週間後のミーティングの日程を決め始めました。

【解　　説】

　マニュアルは，多民族，多人種が一緒に仕事をするアメリカにおいて，最低限の仕事の品質が達成できるように作られたといわれています。やるべきことが，提供者の価値観や認識，経験などに左右されないためのものです。

　あらゆる業種で，マニュアルは非常に重要ですが，サービス業や営業職にとっては，お客様との接点，やりとりそのものが商品であるといえ，接客に関するマニュアルづくりは，さらに重要な意味を持ちます。社員教育の場面でも，かつてのように，先輩の背中を見て覚えるとか，間近にいてノウハウを盗む，などの仕事の覚え方は，時間ばかりかかりすぎて，会社にとってメリットは何もありません。新人を即戦力として使えるスピードが必要であり，その意味でも，マニュアルは絶対に必要なものといえます。

　猫酒場『はちわれ』では，主要なメンバーが集まって，皆で考えながらマニュアルを作っていきました。この「皆で考えながら」ということがとても意義のあることです。マニュアルを作る際は，1人でも多くの従業員を巻き込んでください。理由は，
　① マニュアルを作る経緯を知ることで，何のためにマニュアルを順守するのかが理解される。
　② 現場の業務や実態を踏まえた，無理のない実現可能なマニュアルを作ることができる。
　③ 上からの押し付けではなく，自分たちで作ったマニュアルだから，守ろうとする意識が芽生える。
などのメリットがあるからです。

7．マニュアルの限界と本当の役割

　マニュアルを作り，運用してから1週間がたちました。予定どおり，結果を検証するミーティングが始まっています。全員がやるべきことを確実に実行しており，行動の漏れやミスは減少しました。従業員の対応のばらつきも減少しています。

　その結果，この1週間で，客単価は30円上がり，売上の増加に貢献しました。しかし，なぜかお客さんに評判がよくありません。

　　　　　　　　　＊　　　　　　＊　　　　　　＊

にゃん吉　　最近，お客さんに叱られることが多くなったニャン。アンケートを書いていないお客さんがいたら，書くことをしつこく迫ったり，今日のおすすめや，日本酒を粘っこく勧めたりしていることが，原因と思うニャン。お客さんが喜んでくれるという点では，前のほうがよかったと感じる。

　　　　　　それに，無理やりマニュアルに合せようとすると，接客がどうしても不自然になる。一人ひとりお客さんは違うわけだし，同じように対応するのは難しいニャン。直接クレームを言ってきたお客さんは5人だけど，声に出さずに帰ったお客さんは相当数いるんじゃないかな。

にゃん美　　確かに，マニュアルのやり方を嫌うお客さんがいたことが，クレームの原因だと思うけど，皆でやろうと決めたことだし，客単価を100円上げるためには，何かを変えなきゃいけないで

しょ。以前のとおりでは何も変わらない。

きっと,お客さんも少しずつ慣れて,クレームなんて徐々に出なくなると思うニャン。

私たちの役割は,マニュアルを守って客単価の100円アップを達成すること,これをやり遂げるしかないニャン。

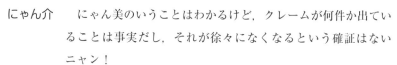

にゃん介　にゃん美のいうことはわかるけど,クレームが何件か出ていることは事実だし,それが徐々になくなるという確証はないニャン！

にゃん介の問いかけに,にゃん美は反論できません。にゃん介は,少し興奮気味に続けます。

むしろ,お客さんの離反が心配。クレームを言ったお客さんが,つぎも来てくれるのかな？

来てくれなかったら,来店客数のアップなんてことを言っていられなくなるニャン。

にゃん左衛門　んー,困ったな。

客単価を100円上げるためにマニュアルを作ったわけだけど,結果は良い面と悪い面が表れてしまった。良い面を伸ばして,悪い面をなくすようなことができればいいのだけれど。

このまま悪い面の影響が大きくなって,お客さんが減ってしまったら,にゃん介の言うとおり,来店客数の増加策をやっても,意味がないことになってしまうニャン。客単価の目標を達成できたとしても,来店客数が減ってしまったら,元も子もない。結果,マニュアルを作る前より悪くなる可能性もあるニャン。

にゃん左衛門社長は,経営者として,困り果てたように言い,コンサルタン

7．マニュアルの限界と本当の役割

トのにゃん野に助けてほしいという眼差しを送りました。

にゃん野は，こうなることがわかっていたように，冷静な口調で話しました。

にゃん野　　とても難しい問題にぶつかりましたね。ところで，にゃん左衛門社長が考えている良い面と悪い面を，具体的に考えてみませんか？

　　　　　　にゃん吉さん・にゃん介さん・にゃん美さんも一緒に考えてください。

【マニュアルを守って，良かった点】
○　今日のおすすめを注文するお客様が増え，ほぼ50％の割合となった。
○　みんな，マニュアルを守る意識を持って実践したので，接客のばらつきがなくなった。それにより，やるべきことの抜け漏れがなくなった。

【マニュアルを守って，良かったか悪かったかわからない点】
○　日本酒を注文するお客様が若干増え，ビールとの比率目標５：５に対して5.8：4.2程度となり，一定の成果は出たが目標にはまだ遠い。
○　ねこまんまを注文するお客様が若干増え，注文比率目標10％に対して４％程度となり，一定の成果は出たが目標にはまだ遠い。

【マニュアルを守って，効果がなかった点，悪かった点】
○　お客様１人当たりの料理の注文点数は，ほぼ横ばい。メニューの絞りこみにより，プラスとマイナスが打ち消しあってしまったか？
○　デザートの注文率は，全く効果が出ていない。これも横ばい。
○　お客様からのクレームが５件，そのうち日本酒や料理を勧めることに関するものが２件，アンケートに関するものが３件。その５件のお客様は，現在まで再来店していない。

にゃん野　なるほど，整理されましたね。マニュアルの運用によって，目標に対して物足りなかったとしても，効果が上がっている点があることは間違いないわけですよね。

一方で，改善すべき点は，やはりマニュアルの運用によってお客さんに不快感を与えてしまったことです。課題はたくさんありますが，こうして見ると，目標数値を設定して結果を確認することで，つぎにやるべきことがわかるのは，大きな成果といえますよね。

にゃん左衛門　これこそ，PDCAだニャン。大切なのは，ここからなにが言えるのかを考えること。そして，つぎの打ち手に結びつけることだ。

さあ，これをどう解釈すればいいんだろう。お客さんに不快感を与えずに，本当に客単価を上げることなんてできるんだろうか。なるべく安く飲んだり食べたりしたいお客さんと，少しでも売上を上げたい店とでは，もともと利益が相反する関係だニャン。

にゃん左衛門社長は，袋小路にはまってしまったようです。

　　　　　＊　　　　　　　＊　　　　　　　＊

にゃん野は，穏やかに話しました。

にゃん野　もう一度原点に返ってみましょう。猫酒場『はちわれ』の目指すお店づくりとは，何でしたっけ？

にゃん吉　そうだよ。都会の生活やストレスの多い仕事に疲れた猫たちに，こだわったお酒，ひと手間かけた料理と，家に帰って来たような気の置けない場を提供する居酒屋だニャン。

7. マニュアルの限界と本当の役割

俺たちのちょっと強引な接客が、かえってお客さんにストレスを感じさせてしまったってことじゃないかな。

にゃん介　もともと、『アビシニアン』や『三毛』や『のら』と差別化するために、店のあるべき姿を皆で決めたわけだニャン。

これを実現させないと、そもそも売上の増加なんて無理だよね。

にゃん左衛門　確かに、目指していることとやっていることに、大きなギャップがでてきてしまったようだニャン。もう1回マニュアルを見直そうじゃないか。

にゃん野　実は、もしかしたら上手くいかないんじゃないかという感じはしていました。だから、1週間という短い期間の運用で検証したかったんです。

みなさんお気づきのとおり、一番大切なのは、お店のあるべき姿を目指すことですよね。もちろん、売上や利益は重要ですから、あるべき姿を目指すなかで、それらの目標数値の達成も目指していかなければなりません。

でも、目標数値を目指すことで、あるべき姿から乖離してしまっては、意味がないですよね。結果は当然ながら、目標数値もクリアできません。

で、そもそもマニュアルの役割は、何だと思いますか？

にゃん介　それは、みんながマニュアルをしっかり守り、同じように行動して、抜け漏れなどのミスをなくし、経験の多い少ないで起こる対応のばらつきをなくすことでしょ。

にゃん左衛門社長、にゃん吉、にゃん美も一様にうなずいています。

にゃん野　確かに、そのとおりです。しかし、皆さんのここ1週間の行動は、マニュアルを守ることが目的となっていませんでした

か？

にゃん美　じゃあ，守ろうとすることがいけないことなんですか？

にゃん美は，自分たちの行動を否定されたようで，ふくれて反応しました。

にゃん野　守ろうとする努力は否定しませんが，守ることを目的としてはいけないと思いますよ。

にゃん吉　なんか，禅問答みたいだニャン。もう少しわかりやすく教えてください。

にゃん野　マニュアルとは，皆が一定レベル以上の動きができるように決められた行動規定書のようなものです。何のためにあるのかというと，お店のあるべき姿に近づけるためにあります。

　でも，お客様のニーズや価値観はさまざまで，マニュアルどおりに行うと，今回のようにあるべき姿には近づかないことも発生します。その時に優先するのは，あるべき姿に近づけることでしょうか，それとも，マニュアルを守ることでしょうか？

にゃん左衛門　そうか，そういうことなんだ。

　今あるマニュアルを見直す必要はあるけれど，そもそもお客さん一人ひとりに，すべて対応できるような接客マニュアルなんて作れるはずはないニャン。

　だから，お店のあるべき姿をしっかりと持って，マニュアルを運用する必要があるということですね。

にゃん野　はい，そのとおりです。マニュアルは，あるべき姿という目的に近づくための手段であり，決して目的ではありません。よって，手段が目的に合わないケースが出てくれば，その手段は採用しないほうがいい，すなわちマニュアルを守らないほうがいいのです。

7. マニュアルの限界と本当の役割

にゃん美　　それじゃあ，マニュアルって何の意味があるの？

にゃん野　　とは言え，目的をちゃんと明確にしたうえで，マニュアルという手段を設計すれば，そのマニュアルを守っていれば，8割くらいは大丈夫なものです。

にゃん美　　あとの2割はどうするの？

にゃん野　　そこが重要なポイントです。仕事をしていれば，マニュアルでは対応できない場面が必ず出てきます。その時は，個々人が判断しなければいけないことになります。

　　　　　　ここでまた，マニュアルの大切さがわかるのですが，状況に適した判断をする能力を磨くための時間や，定型的ではない業務を柔軟に対応するための時間，すなわちマニュアルでは対応できない，考える時間を生みだすことが，マニュアルの役割なのです。

にゃん左衛門社長は，スラスラとノートにメモしました。

マニュアルとは，
　あるべき姿という目的を達成するための手段。目的にしてはいけない。
　マニュアルで対応できない，考える時間を生みだすことがマニュアルの
　役割。

にゃん野は，提案しました。

にゃん野　　そのような意識を持って，再度マニュアルを見直して，新しいものを作ってみませんか。

にゃん左衛門　　作って1週間しかもたなかったマニュアルだけど，いろいろなことを学ぶことができたニャン。これを無駄にしないためにも，早速，新しいマニュアルづくりに取りかかろう！

　　　　　　＊　　　　　　＊　　　　　　＊

　猫酒場『はちわれ』のメンバーは，わずか1週間で新しいマニュアルを作ることになっても，不思議と不満を抱きませんでした。むしろ，新しいものを自分たちの手で生み出せそうな予感に期待を膨らませ，「明日からまた頑張ろう」と互いに約束しました。

7．マニュアルの限界と本当の役割

【解　説】

　近年では，マニュアルが絶対視され，「マニュアルがないと対応できない」，「何が何でもマニュアルどおりにやらないと気が済まない」という風潮があるように思います。確かに，マニュアルはとても重要なものですし，社長1人の会社でない限り，絶対に作らなくてはならないものです。

　しかし，それがすべてを解決してくれるほど，ビジネスは簡単ではありません。特に，接客のマニュアルや，営業マニュアルなどは，接する相手が人である以上，例外が多数発生します。

　例外が例外とならないようにするために，事象にあわせてマニュアルを細分化するという選択肢もあります。確かに，一定の効果はあると思いますが，細かくなりすぎて覚える量も膨大になりますし，検索性も低下し，かえって使いにくいものになるでしょう。マニュアルに振り回されてしまっては，意味がないのはいうまでもありません。

　そもそもマニュアルの目的は，ストーリーのなかにもあったとおり，会社のあるべき姿に近づくため手段です。猫酒場『はちわれ』の場合は，「気の置けない家のような空間を提供することで，競合と差別化しつつ，お客さんに満足を与え」，「利益を得る」という目的のために，マニュアルがあるのです。

　この目的と手段を意識するということは，とても重要です。なぜなら，仕事をしていると，「手段の目的化」という罠に陥りやすいからです。みなさんの周りを見回してみてください。この仕事は，この業務は，この作業は，何のために行っているのか・・・。この「何のため」を答えられる割合は，どれくらいでしょうか？　新人や部下に仕事を頼んだとき，「何のための仕事ですか？」と聞かれて，確実に答えらえる自信がありますか？

　『はちわれ』の場合でいうと，マニュアルに書かれたことを守るということ

が目的となってしまい，本来の目的である「気の置けない空間を作って顧客満足を提供する」というものから乖離してしまいました。たとえ一時的に売上が上がったとしても，そう長くは続かなかったでしょう。

　また，マニュアルは，サービスレベルや品質の底辺を上げるものであり，会社にとって本当に大切なのはマニュアルで果たせない高度な部分，難しい意思決定を迫られる問題にどう対応するかです。定型的に行える仕事は，マニュアルにして単純化し，浮いた工数や時間を，非定型的な，臨機応変さが求められる仕事，難しい意思決定を迫られたときの考える時間に充てる，そのための能力を開発する研修等の時間に充てるというのが，本来のマニュアルの役割なのです。

8．お客さんの行動から発想せよ

次の日の閉店後，またメンバーが話し合いを始めました。今のままではダメとわかってはいるものの，いざ話し合いを始めてみると，どうすればいいのかわからないようです。
にゃん美は，いつものチャキチャキした感じが見られず，現代っ子らしくテーブルに突っ伏してしまいました。

にゃん美　　あるべき姿を目指すようなマニュアルかぁー。なおかつ，利益も上げるようなもの。わかってはいるけど，難しいニャー。

　　　　　　＊　　　　　　　＊　　　　　　　＊

にゃん野　　確かに，難しいですよね。それではちょっと思考を変えて，「顧客の行動を起点としたアプローチ」と呼んでいるものなんですが，「自分たちが何をするか」ではなく，「お客さんにどんな行動をとってほしいか」から，接客マニュアルを見直してみませんか？

にゃん介　　それって，何が違うの？
　　　　　　もともと接客マニュアルは，こちらが考える行動をお客さんにとってもらうために作られるものでしょ。働きかけるのは自分たちであることに変わりはないし。「自分たちの行動」から考えても「お客さんの行動」から考えても，結果は同じになるんじゃないの？

にゃん左衛門　まあそういわずに，とりあえずやってみようよ。今のままでは袋小路に入ったままだし，ちょっとしたことだけど，発

想を変えてみるのもいいんじゃない？
　うまくいかなかったら，また考えればいいニャン。

にゃん左衛門社長は，その場をまとめました。

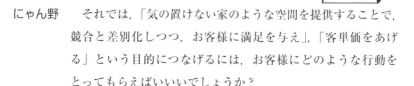

にゃん野　それでは，「気の置けない家のような空間を提供することで，競合と差別化しつつ，お客様に満足を与え」，「客単価をあげる」という目的につなげるには，お客様にどのような行動をとってもらえばいいでしょうか？
　来店してから，退店して，再来店するまでの，お客様の行動を考えてみましょう。

にゃん吉　えーっと，なんかいい雰囲気の店だなと思って入ってくるニャン。

にゃん介　にゃん美の元気な挨拶を聞いて，活気があってフレンドリーな店だなと感じるニャン。

にゃん美　てきぱきとした案内を受けて，スムーズに席につく。それと・・・。

皆は，深夜までかかり，つぎのような行動プロセスを作りました。

①　いい雰囲気の店だなと思って，店内に入る。
②　店員の元気な挨拶を聞いて，活気のある店だなと感じる。
③　店員の親切な対応で，フレンドリーだなと感じながら，案内された席につく。
④　今日のおすすめを聞きながら，フレンドリーな店員との会話を楽しむ。
⑤　なんで当店を知ったのかを話す。
⑥　ビールとおすすめを注文する。

8．お客さんの行動から発想せよ

⑦　運ばれてくる間，どんな料理やお酒があるのかを，メニューを見ながら確認する。

⑧　ビールとお通し，おすすめが来ると，すかさず料理を追加注文する。

⑨　料理を食べながら，おいしいと思う。

⑩　ビールを飲み終えたら，おすすめPOPを見て，当店の自慢の日本酒『ねこじゃらし』を注文する（日本酒を飲まないなら，焼酎でも，ビールでも可）。

⑪　お酒に合った料理を勧められて，追加で注文する。

⑫　注文したお酒や料理が運ばれて来たら解説を聞き，店員との会話を楽しむ。

⑬　違った味のお酒を勧められて，おかわりする。

⑭　おかわりしたお酒に合った料理を勧められて，料理を追加注文する。

⑮　〆に当店自慢の『ねこまんま』を勧められて，注文する。

⑯　当店自慢のデザートを勧められて，注文する。

⑰　お土産用『ねこまんまセット』を勧められて，家族のお土産として買う。

⑱　お勘定をする。

⑲　コストパフォーマンスがいいなと思う。

⑳　ショップカードを渡され，また来たいと思う。

㉑　出口まで見送られて，外に出る。

㉒　また来店する。

　みんな，作り終わった後，どっと疲れが襲ってきましたが，不快ではないむしろ開放感や充実感を噛みしめていました。

　　　　　　＊　　　　　　　＊　　　　　　　＊

翌日の閉店後，またメンバーが集まり議論が始まりました。

にゃん野　昨夜は遅くまでお疲れさまでした。皆さんが作った，お客様に期待する行動プロセスですが，もう少し整理したいんです。

にゃん介　これをまた変えるんですか？
　　　　　もう十分じゃないですか？

にゃん野　大きく変えるつもりはありません。このプロセスをたどっていけば，当店のあるべき姿と客単価の増加が達成できる可能性は十分あると思います。

　でも，もう少し工夫が必要なんです。たとえば，「①いい雰囲気の店だなと思って，店内に入る」ですが，いい雰囲気の店だと思うのは，第三者からは確認できない行動です。ここで列挙したいのは，あくまでこちらから見える，確認できる行動に限定したいと思います。だから，この場合は「店内に入る」だけでいいんです。

にゃん美　なんか，そこまでこだわる必要があるのかな？
　　　　　無駄な労力を使おうとしてない？

にゃん美がシビアな表情で返すと，

にゃん野　いえ，これが大切なことなのです。
　また，「②店員の元気な挨拶を聞いて，活気のある店だなと感じる」ですが，「感じる」というのは見えないので，たとえば，「笑顔で応える」とか「柔らかな表情で応える」にします。

にゃん左衛門　よし，やってみようじゃないか。今日のまかない飯は，ちょっと奮発するからさ。もうちょっと頑張ろうニャン！

にゃん左衛門社長は，皆を前向きにしように必死でした。

にゃん介　ここまで来たんだから，まあ頑張ってみるかニャー。

8. お客さんの行動から発想せよ

　にゃん介の呼びかけに皆も納得し，しぶしぶ作業を始めましたが，始まってみると真剣な議論が行われ，にゃん野のアドバイスもあり，あっという間に新しいものができ上がりました。

変　更　前	変　更　後
① いい雰囲気の店だなと思って，店内に入る	① 店内に入る
② 店員の元気な挨拶を聞いて，活気のある店だなと感じる	② 店員の挨拶を聞き，笑顔（柔らかな表情）で応える
③ 店員の親切な対応で，フレンドリーだなと感じながら，案内された席につく	③ 笑顔（柔らかな表情）で案内された席につく
④ 今日のおすすめを聞きながら，フレンドリーな店員との会話を楽しむ	④ 今日のおすすめを聞く ⑤ おすすめを言った店員と1分以上おしゃべりをする
⑤ なんで当店を知ったのかを話す	⑥ なんで当店を知ったのかを話す
⑥ ビールとおすすめを注文する	⑦ ビールとおすすめを注文する
⑦ 運ばれてくる間，どんな料理やお酒があるのかを，メニューを見ながら確認する	⑧ メニューをのぞき込む 　　連れ合い同士が，メニューをもとにおしゃべりをする
⑧ ビールとお通し，おすすめが来ると，すかさず料理を追加注文する	⑨ ビール，お通し，おすすめが来たら，追加の料理を注文する
⑨ 料理を食べながら，おいしいと思う	⑩ 料理を食べながら，おいしいと言う
⑩ ビールを飲み終えたら，おすすめPOPを見て，当店の自慢の日本酒『ねこじゃらし』を注文する（日本酒を飲まないなら，焼酎でも，ビールでも可）	⑪ ビールを飲んだ後，2杯目から『ねこじゃらし』を注文する 　　日本酒を飲まないなら，焼酎でも，ビールでも可
⑪ お酒に合った料理を勧められて，追加で注文する	⑫ お酒に合った料理を注文する
⑫ 注文したお酒や料理が運ばれて来たら解説を聞き，店員との会話を楽しむ	⑬ 運ばれてきたお酒や料理の解説を聞く ⑭ 解説をした店員と1分以上おしゃべりする

⑬	違った味のお酒を勧められて，おかわりする。	⑮	また違うお酒を注文する
⑭	おかわりしたお酒に合った料理を勧められて，料理を追加注文する	⑯	お酒に合った料理を注文する
⑮	〆に当店自慢の『ねこまんま』を勧められて，注文する	⑰	〆に『ねこまんま』を注文する
⑯	当店自慢のデザートを勧められて，注文する	⑱	男性も女性もデザートを注文する
⑰	お土産用『ねこまんまセット』を勧められて，家族のお土産として買う	⑲	お土産用『ねこまんまセット』を注文する
⑱	お勘定をする	⑳	お勘定をする
⑲	コストパフォーマンスがいいなと思う	㉑	とてもおいしかった，楽しかったと言う
⑳	ショップカードを渡され，また来たいと思う	㉒ ㉓	ショップカードを見る また来るよと言う
㉑	出口まで見送られて，外に出る	㉔	出口まで見送られて，外に出る
㉒	また来店する	㉕	また来店する

　　にゃん野　　なかなかよくできましたね。うん，上出来です。とりあえずこれで進めましょう。しつこいようですが，完璧を求めずに前に進みながら調整することが大切ですので。

　　にゃん左衛門　　よし，今日はここまで。

　　　　　　まかない飯は，いつものねこまんまにツナ缶つきだニャン！

皆の努力に，にゃん左衛門社長は上機嫌です。

　　　　　　　＊　　　　　　　＊　　　　　　　＊

翌日の閉店後，またメンバーが集まり，話合いを始めるところです。

　　にゃん野　　昨日もお疲れさまでした。皆さんに，当店が期待するお客様の行動を列挙してもらいました。それも，見える，確認できる行動というものでした。

つぎに考えたいのは、その行動をとってもらうために、お客様にどう思ってほしいか、どう感じてほしいかということです。まず、「①店内に入る」から考えてみましょうか。ここは、来店客を増やすために意見をまとめたもの（P.40参照）の復習になるかもしれませんが・・・。

にゃん吉　店内に入るという行動を取ってもらうために、どう思ってもらうかぁー。やっぱり、おいしそうなお店だなと思ってもらうのが一番だよね。あと、くつろげそうなところ、フレンドリーなところだと思ってもらうことだニャン。

にゃん介　価格がわかって、安心して入れそうってことも重要だよね。

にゃん美　そもそも、きれいじゃなきゃだめでしょ。店の前の掃除が行き届いていることは、女子にとっては大切だニャン。

にゃん吉　それに、ここにこんな居酒屋があることがはっきりとわからなければいけないニャン。『アビシニアン』や『三毛』、『のら』とは違った居酒屋があるということ。雰囲気はもちろんのこと、社長の実家で造った『ねこじゃらし』という銘酒があるし、新潟の郷土料理も楽しめるし。

にゃん野　とてもいい議論ですね。では、ちょっとまとめてみましょうか。

にゃん野は、皆が見えるようにメモを書き始めました。

お客さまにとってほしい行動	そのために思ってほしいこと
①店内に入る	他（競合）とは違った面白そうなお店があるな くつろげそうだな フレンドリーそうだな おいしそうな珍しいお酒があるな 新潟の本場の郷土料理が食べられるのだな 価格も明朗で、それほど高い店ではないな 店の前がきれいだから、店内もきっと清潔だろうな

にゃん野　こんな感じでしょうか。
　　　　　では，つぎに考えていただくことは，お客様にそう思ってもらうために，当店は何をすることが必要なのかということです。ちょっと考えてみてください。

　　　　　　　＊　　　　　　　　＊　　　　　　　　＊

それを受けて，また議論が再開されました。

にゃん吉　面白そうなお店があるなと思ってもらうためには，特徴を伝えることが大切だから，くつろげそうだとか，珍しいお酒があるとか，しっかりと宣伝することだと思うニャン。

にゃん介　じゃあ，くつろげそうだなと思ってもらうために，お店の前でどんなことを伝えるの？

にゃん美　店内のくつろげそうな雰囲気の写真をポスターにして見せるとか，席数や座敷などの数を示すとか。

にゃん左衛門　なるほど，名案だね。
　　　　　じゃあ，フレンドリーさを感じさせるためには？　店に入る前だから，フレンドリーを伝えることは難しいよね。

にゃん吉　これも，わが店の看板娘のにゃん美の笑顔をポスターにして，こんなにフレンドリーな娘がいますよと，訴えてみたらどうかニャー？

にゃん美　そうね，私は当然として（笑）。
　　　　　ついでに，みんなの笑顔の集合写真を撮って，いらっしゃいませポスターを作ったらどう？　こんな人たちが笑顔で迎えてくれるんだなと思えば，フレンドリーな印象を持ってくれるんじゃない。

にゃん野　いいね，いいね。

8. お客さんの行動から発想せよ

>　それじゃあ，つぎに，おいしい珍しいお酒がありそうだなと思ってもらうためには？

にゃん美　「新潟の蔵元より直送！」ってポスターの中に写真入りでいれてみたら？

にゃん吉　どうせなら，酒造り職人の社長のおじさんの顔も入れようニャン。

にゃん美　「当店店主の実家の蔵元から直送！」っていうのも，巷で出回っていない酒が飲める理由になって，お客さんは気になるんじゃないかニャー？

にゃん左衛門　そうそう，それはいいニャン。

にゃん左衛門社長は，即OKを出しました。

にゃん吉　ひとつ思いついたことがあって。ちょっと手間がかかることなんだけどね。
　予約したお客さんは，事前に来ることがわかるわけだよね。たとえば，宴会なんかの主旨を聞いて，手作りのウエルカムポスターを作ったらどうだろう。「□□株式会社様　○○さんご栄転！　九州に行っても頑張ってね会‼」なんて店頭に貼ってあったらよろこぶんじゃないかな。

にゃん吉は，ちょっと自信なさげに言いましたが，にゃん左衛門社長は，にゃん吉の意見がとても気に入ったようです。

にゃん左衛門　これは特別感がすごいニャン！
　きっと喜んでくれるはずだ。じゃあ，宴会の予約が入ったら，その主旨と主賓の名前なんかを聞くことにして，すぐに始めよう！
　お店のパソコンとプリンターでできるので，コストはほとんどかからない。

これを聞いて，にゃん吉も自信を深めました。

にゃん介　それと，価格を明朗に伝えることだけど，ブラックボードの置き看板を出して，料理の名前と値段を書いて示すこともいいと思うニャン。加えて，お客さんが比較しやすいビールの値段も書けば，敷居も低くなるはず。
　　　　　それに，当店の自慢の『ねこじゃらし』のことも書けばいいし。

にゃん美　最後に，店の前の清掃をきっちりと行う。きれいなお店だと思ってもらえば，女性客の引きはばっちりニャン。毎日2回の清掃が必要ね。

にゃん野　いろいろと出てきましたね。じゃあ，ちょっとまとめてみましょう。

行動	そのために思ってほしいこと	そのために当店がとるべき行動	具体的な行動やトーク方法
①店内に入る	他（競合）とは違った面白そうなお店があるな くつろげそうだな フレンドリーそうだな おいしそうな珍しいお酒があるな 新潟の本場の郷土料理が食べられるのだな 価格も明朗で，それほど高い店ではないな 店の前がきれいだから，店内もきっと清潔だろうな	店頭にポスターを掲示 ・店の使い方 ・店のアットホームな雰囲気 ・ウエルカムポスターで特別感 ・店や酒，料理の特徴 ブラックボード活用 ・自慢のメニューと価格 ・今日のおすすめと価格 店頭の清掃の徹底	座席の数や種類を書く 店内の雰囲気のわかる写真を出す にゃん美の笑顔の写真を出す みんなの笑顔の写真を出す 予約の団体のお客さんには，手作りのウエルカムポスター ・事前に会の主旨や主賓の名前を聞いておく 　『□□株式会社様　○○さんご栄転！九州に行っても頑張ってね会‼』 新潟蔵元直送の『ねこじゃらし』を訴求する 珍しい『ねこじゃらし』が手に入る理由を書く（社長の実家） 他店と比較可能なビールの値段を書く 20種類以上の料理の値段を書く 毎日，店の前の清掃を2回行う

* * *

にゃん野　それでは，お客様に「②店員の挨拶を聞き，笑顔（柔らかな表情）で応える」という行動をとってもらうためには，どんなふうに思ってもらうことが必要ですか？
　　　　　ポイントは，笑顔（柔らかな表情）ということですね。

にゃん吉　元気で活気のある店だなと思ってもらうことだニャン。それとフレンドリーな店と思ってもらう。

にゃん美　あたしがいつも行く美容院は，店に入るなり名前を呼んで迎えてくれるのよね。そのとき，あたしのこと覚えてくれているんだ，知ってくれているだって，うれしくなるんだよね。意識はしていないけど，その時はきっと笑顔になっていると思うニャン。

にゃん左衛門　なるほど，「私のことをよく知ってくれているな」と思ってもらうことか。こちらの対応が，とても高いハードルになりそうだけど，それができたら素晴らしいニャン！

にゃん左衛門社長は，納得したように話しました。

お客さまにとってほしい行動	そのために思ってほしいこと
②店員の挨拶を聞き，笑顔（柔らかな表情）で応える	元気で活気のある店だな 思ったとおりフレンドリーな店だな 自分のことをよく知ってくれているんだな

にゃん左衛門　じゃあ，さっきと同じように，当店は何をすることが必要なんだろう？

にゃん左衛門社長が，にゃん野に代わって，場を仕切り始めました。

にゃん吉　元気に挨拶。接客してる人以外はみんな，入ってきたお客さんのほうを見て挨拶するんだニャン。

にゃん美　それは絶対必要ニャン。さらに，フレンドリーな店と思ってもらうためには，こちらも笑顔で迎えるというのは大切だよね。

にゃん介　そうそう，さっきのにゃん美の話しだけれど，名前を呼んで挨拶ができるといいね。

にゃん美　すべてのお客さんに対しては難しいけれど，常連さんならできないこともないニャン。

にゃん美が，自信ありげにそう言うと，

にゃん左衛門　名前を呼ぶことについては，できるところから始めたいね。意識を持っていれば，月に2～3回くるお客さんは覚えられるはずニャン。

にゃん野　そうですね。そうするためには加えて，注文を取るときなどの会話の中で，お客様のことを聞くことも必要になりそうですね。それは，後のプロセスの中で考えましょう。

にゃん美　ところで，挨拶は「いらっしゃいませ！」だけでいいの？

にゃん吉　えっ，他に挨拶があるというの？

にゃん美　実は，あたし，「こんばんは」って挨拶したことがあるんだけど，かなりの割合で「こんばんは」ってニャッと笑って返してくれるんだニャン。すると，その後の会話がやりやすくなるんだよね。

にゃん左衛門　なるほど，さすが接客の女王にゃん美だ。「いらっしゃいませ。こんばんは。」と言うことで，「こんばんは」と返してくれるわけか。ところで，日本語としては，どうなんだろう？

にゃん野　確かに，いろいろな説があるようです。「こんばんは」が先じゃないかとか。

でも，挨拶のキャッチボールをするという意味では，「いらっしゃいませ。こんばんは。」は，とてもいいことではない

ですか。大切なのは，お客様に与える印象ですから，気にする必要はないですよ。

にゃん美　コツは，「いらっしゃいませ」でニコッとして，ほんの少し間を置いて「こんばんは」って言うことなの。わざとらしさがなくなるニャン。

話し合いが続き，にゃん左衛門社長は，それらをスラスラとノートにまとめました。

行動	そのために思ってほしいこと	そのために当店がとるべき行動	具体的な行動やトーク方法
②店員の挨拶を聞き、笑顔（柔らかな表情）で応える	元気で活気のある店だな 思ったとおりフレンドリーな店だな 自分のことをよく知ってくれているんだな	元気に挨拶する 名前を呼ぶ	接客中以外の店員みんながお客さんを見て元気に挨拶 「いらっしゃいませ」でニコッとして，1拍おいて「こんばんは」 お客さんが「こんばんは」と返してくれたらしめたもの 常連さんなどは，名前を覚えて，「いらっしゃいませ○○さん。こんばんは。」と言えるように 開店前に予約リストなどを見ておき，誰が来るかを確認しておく 開店前のミーティングの時に，予約状況や，曜日によって来店するお客さんを共有しておく 当日に予約が入った場合も，店長とにゃん美には必ず口頭で知らせる 開店後も，予約リストは全員が見るようにする

　　　　　　＊　　　　　　＊　　　　　　＊

その後も話し合いは延々と続き，2〜3時間がたったころ，今日最後の議題となりました。

にゃん野　では，つぎに「⑤おすすめを言った店員と1分以上おしゃべりをする」なんだけど，どうすればいい？

にゃん吉　んー。こちらから話しかけるのも必要だけど，なんかしつこく思われるのも嫌だし，お客さんのほうから，自然に話しかけられるのが理想だニャン。

にゃん介　それなら，やっぱりこの店員は親しみやすいなと思ってもらうことが必要だと思う。共通の話題がありそうだと思ってもらえるといいんだけどね。

にゃん美　たとえば，出身地の話題なんてどうかしら。私たちの名札に出身地を書いておいて，「あーきみ，○○の出身なの。何回か行ったことあるよ。」なんて盛り上がりそうだし。同郷であれば，それこそおしゃべりが弾むニャン。

にゃん吉　確かに，その話題になれば，お客さんの出身地も聞きやすい。そうすると，こちらからも話を盛り上げることができるかもしれないニャン。たとえその土地の情報を知らなくても，「どんなものが有名なんですか？　料理は何がおいしいんですか？」なんて，興味を持って聞くことができる。

にゃん介　みんな，他人が自分のことに興味を持ってくれると感じたら，いい気持ちになるじゃない。特に，都会に出てきた猫にとっては，郷土のことを聞かれるのは，とてもうれしいと思うニャン。

にゃん左衛門　たとえば，「どちらのご出身ですか？」，「郷土のお酒や料理も，ご用意があるかもしれませんよ。」なんて聞ければ，自然だよね。

にゃん美　いっそのこと，お客さんにも名札を渡して，名前と出身地を書いてもらえば？　トイレで席を立った時なんかに，店員や，他のお客さんとの話のきっかけができそうニャン。知らないお客さん同士が，『はちわれ』で意気投合するようなことができれば，とても素敵じゃない？

にゃん左衛門　いいね。
　　　　　　全員が書いてくれないだろうけど,「もしよろしかったら,名札を書いて下げていただけますか？　同郷の店員や,お客様もいるかもしれませんよ。」ってさりげなく言うことで,お勧めしてみようニャン。これができれば,店員とお客さん,お客さん同士のコミュニケーションが広がり,「気の置けない家のような空間を提供する」という当店のコンセプトを実現できるよ。
　　　　　　それに,このやりとりをするなかで,お客さんの名前も覚えやすくなるはずニャン。
にゃん野　　せっかくですから,店員の名札には「趣味」や「お店のお酒や料理で一番好きなもの」なんかを入れてはいかがですか？
　　　　　　お客様との話のきっかけも広がりますし,客単価の向上にも結び付きそうですよ。

```
宮崎県宮崎市出身（上京2年目）

        にゃん美

趣　味：カラオケ（中島美嘉を歌い上げる）
『はちわれ』で一番好きなもの：
　宮崎の郷土料理の地鶏の炭火焼きが最高！！
　芋焼酎とベストマッチ！！
```

　　　　　＊　　　　　　＊　　　　　　＊

にゃん野は，それらをスラスラとまとめました。

行動	そのために思ってほしいこと	そのために当店がとるべき行動	具体的な行動やトーク方法
⑤おすすめを言った店員と1分以上おしゃべりをする	とても話しやすい，親しみやすい店員だな 共通の話題がありそうだな 自分のことに興味を持ってくれているのだな	店員のことを知ってもらい，話しかけられやすくする 雑談の中で，お客さんのプロフィールを聞く	名札に「名前」「出身地（県・市）」「上京の年数」「趣味」「店のお酒や料理で一番好きなもの」を書いておく 「もしよろしかったら，名札を書いて下げていただけますか？ 同郷の店員や，お客様もいるかもしれませんよ。」と名札を渡し，名前，出身地，上京年数，趣味を書いてもらう これにより，相手に合わせた話のきっかけを作るとともに，全く知らないお客さん同士が，店内で話すきっかけも作る もし書いてくれない場合でも，名札を見せながら「宮崎県宮崎市出身のにゃん美と言います。みなさんはどちらのご出身ですか？ みなさんの郷土のお料理やお酒もあるかもしれませんので。」などと言い，話のきっかけを作る

8．お客さんの行動から発想せよ

【解　　説】

　接客マニュアルを作るうえで，お客様の行動から発想するという「顧客の行動を起点としたアプローチ」は，ありそうでなかった手法であり，本書で一番お伝えしたい部分です。効果はP.96からの解説に譲ることとして，ここではやり方を整理しておきます。

① 当店が，お客様にとって欲しい行動を列挙する

　まず表すのは，目的の達成に向けて，当社がお客様に期待する行動で，さらに『見える』『確認できる行動』です。

　『はちわれ』の接客マニュアルの目的は，「気の置けない家のような空間を提供することで，競合と差別化しつつ，お客さんに満足を与え」「客単価をあげる」ことでした。よって，お客様がどのように行動すれば，満足してくれたうえにお金を落としてくれるかを考えるわけです。結果として，25の行動プロセスが導き出されました。

　また，『見える』『確認できる行動』に限定するのは，売り手の主観に頼ると，曖昧性が残ってしまうからです。たとえば，「お客さんが商品に興味を持ってくれる」というのは，こちら側の主観であり，「身を乗り出して聞く」とか「具体的な質問をする」という行動に表れて，初めて興味を持ってくれたのだなということがわかります。

　目指すのは，見える，確認できる行動をお客様にとっていただくことなのです。

② その行動をとってもらうために，お客様が思って欲しいことを列挙する

　次に，行動に結び付く感情の変化，すなわち『見える』『確認できる行動』を相手にとってもらうために，『どう思ってもらうか』『どう感じてもらうか』

を考えます。ここは，①と違って見えない部分です。

　人間の行動は，感情があって初めて示されるわけであり，たとえば「店内に入る」行動を起こしてもらうためには，「価格が明朗で，それほど高くないな」などと感じてもらうことが必要となります。

③　お客様にそう思ってもらうために，当店がとるべき行動を検討

　次にやることは，そう思ってもらうために，当店が何をすればいいかを考えます。こからは自分たちがとるべき行動です。「価格が明朗で，それほど高くないな」と思ってもらうためには，「価格を店頭のポスターやボードなどに示す」などが必要となるでしょう。

④　その行動を具体化しトーク方法にまとめる

　次にやることは，当店がとるべき行動を具体的な行動やとトークに落とし込むことです。たとえば，「価格を店頭のポスターやボードなどに示す」の具体例として，「他の店と比較可能なビールの値段を書く」とか，「20種類以上の料理の値段を書く」などが考えられます。

　このように①〜④を行う，すなわち当店が「他の店と比較可能なビールの値段」や「20種類以上の料理の値段」について，「価格を店頭のポスターやボードなどに示す」ことで，お客様が「価格が明朗で，それほど高くないな」と思ってくれ，それにより「店内に入る」行動をとってくれる可能性が高まる，というロジックを組み立てるわけです。

　これが，顧客の行動を起点としたアプローチです。

9．顧客起点のアプローチとは

　翌日は，前回の取り組みのなかで，クレームを受けた，「来店のきっかけを知る」ことに対して，どのように改善するかということを話し合いました。

　　　　　　　　＊　　　　　　　＊　　　　　　　＊

にゃん吉　　確かに，何が何でもアンケートを書いて
　　　　　　もらうことは，ちょっと強引だったニャン。
にゃん介　　初回の来店のお客さんに，どうして当店
　　　　　　を知ったのかを教えてもらうことが目的だ
　　　　　　し，アンケートという手段に限る必要はな
　　　　　　いわけで・・・。

にゃん左衛門　　じゃあ，いつものように，お客さんの行動から考えてみ
　　　　　　ようニャン。
　　　　　　　お客さんにとってほしい行動は，「なんで当店を知ったのか
　　　　　　を話す」ということだよね。すると，そういう行動をとっても
　　　　　　らうためには，どんなふうに思ってもらえばいいと思う？
にゃん左衛門社長が話を進めました。にゃん美・にゃん介が続きます。

にゃん美　　そうね，「親しみやすいお店だな，知ったきっかけを伝えて
　　　　　　もいいな」と思ってもらうことは当然として，「教えたら，何
　　　　　　かメリットがありそうだな」と感じてもらうことだと思うニャ
　　　　　　ン。
　　　　　　　だって，きっかけなんて話しても，お客さんにとって得なこ
　　　　　　とはないことでしょ。それを乗り越えるためには，何かメリッ
　　　　　　トを提供する必要があるんじゃないかしら。ちょっとした何か

をあげるとか。お客さんも，何かもらうとなると，いい加減なことは言えなくなるという効果もあると思うニャン。

にゃん介　とは言え，コストはあまりかけられないニャン。たとえ原価の安い料理を提供するとしても，きっかけを教えてくれたお客さん全員にあげるとなると，結構な費用がかかってしまうよ。

にゃん野　来店のきっかけを教えてくれたお客様全員に，何かを提供しなければダメですかね？

にゃん介　そりゃ不平等になって，お客さん怒っちゃうよ！

にゃん美　なるほど，にゃん野さんが言っているのは，機会が平等であれば，提供することが不平等でもいいということでしょ。たとえば，来店のきっかけを教えてくれた人には，5人に1人くらいの割合で当たるくじを引いてもらう機会を提供して，当たった人には一口冷やっこなどをあげるとか，駄菓子のおいしい棒をあげるとかね。ゲーム感覚もあるし，盛り上がりそうニャン。

にゃん野　さすが，にゃん美さん，そのとおりです。

　自分の言いたいことを先回りしてくれたにゃん美に，にゃん野は感心していました。

にゃん左衛門　じゃあ，こんな感じでまとめたけど，どうだろう。

9. 顧客起点のアプローチとは

行動	そのために思ってほしいこと	そのために当店がとるべき行動	具体的な行動やトーク方法
⑥なんで当店を知ったのかを話す	この店を知ったきっかけを伝えてもいいな 教えたら何かメリットがありそうだな	さりげない声掛け なぜ話してほしいのか，目的を述べる 教えてくれた時のメリットを提供する	「当店は初めてでいらっしゃいますか？」 「これからも，当店にたくさんのお客様が来ていただけるよう，PRにも力を入れていきたいのですが，お客様は，何で当店をお知りになりましたか？」 「それをご覧になった時，どのようにお感じになられましたか？」 「ご来店のきっかけを教えてくださったお客様には，くじ引きで一口冷ややっこが当たります。」or「教えてくださったお客様には，おいしい棒が当たります。」

   *   *   *

　話し合いは続き，議題も，やっと「⑱男性も女性もデザートを注文する」まで進みました。

  にゃん左衛門　それじゃあ，女性だけでなく男性にもデザートを注文する行動をとってもらうためには，どうすればいいかニャー？
  にゃん吉　女性は，別腹でデザートを注文するけど，男性はそれに比べると注文しないからな。
  にゃん介　うちのデザートって，結構ヘルシーで甘さ控えめなものが多いから，食べてくれた男性客には評判がいいんだよね。オレが食べても，結構いけてると思うニャン。
   他の居酒屋よりは注文する男性は多いと思うけど，まだまだ満足いく水準じゃない。もったいないとずっと感じてたニャン。

にゃん美　男性って，ある程度飲んで食べちゃうと，そもそも，どんなデザートがあるか，メニューをあらためて見ることが少ないと思うのよね。でも，ちゃんとデザートを勧められれば，「ちょっと食べてみようかな」と考えるお客さんは，意外と多いと思うニャン。

にゃん吉　確かに，終盤になると，わざわざメニューを見ることがなくなるね。やっぱり，存在を知ってもらって，「おいしそうなデザートがあるな」，「ヘルシーなデザートがあるな」と思ってもらうことが必要だよね。

　　　　　これは当然男性だけでなく，女性にも思ってもらいたいことだニャン。

にゃん介　自分もそうなんだけど，実は男性も甘いものが好きなのに，注文するのが恥ずかしいという気持ちもあるんじゃないかな？
　　　　　ちょっとカッコ悪いとか・・・。だから，恥ずかしくないと思ってもらうことも大切な気がするニャン。

にゃん左衛門　すると，存在を知ってもらって，「おいしそうだなと思ってもらう」，「ヘルシーだなと思ってもらう」ためには，おいしくてヘルシーとわかるようなデザート専門のメニューというか，フライヤーを作ればいいニャン。そして，お客さんが飲み終わりそうな時に，さりげなく勧めることが必要だね。

　　　　　で。男性がデザートを注文することを，「恥ずかしくないと思ってもらう」ためには，どうしたらいいだろう？
　　　　　にゃん美どう思う。

にゃん美　一番効果がありそうなのは，結構な数の男性が注文している事実がわかることでしょ。みんな食べてるんだという安心感を与えることだと思うニャン。ある意味，食

9. 顧客起点のアプローチとは

べるための言い訳ね。
　　だから，男性に人気があって，結構な割合で注文が入ることをさりげなく知らせることね。「男性注文ベスト3」なんかをメニューに書くのも，効果がありそうニャン。

にゃん吉　言い訳という意味では，「連れの女性がデザートを注文したし，手持ち無沙汰になっちゃうから，自分も注文しようかな」と思ってもらうのもいいんじゃないかな。そのためには，女性とのセット割引などを作るといいかもニャー。

にゃん吉が発言しました。それを聞いて，にゃん左衛門社長は，スラスラと書き始めました。

行動	そのために思ってほしいこと	そのために当店がとるべき行動	具体的な行動やトーク方法
⑱男性も女性もデザートを注文する	おいしそうなデザートがあるな 別腹だしな ヘルシーなデザートだから大丈夫かな 注文しても恥ずかしくないな（男性） 連れの女性も注文したしな（男性）	デザートのメニューをさりげなく セット割引でお得感を出す 甘さ控えめのシンプルなものを揃える 多数の男性が注文することを知らせる 女性とのセットを作る	「お食事の方はデザートを100円引きでご提供できますが？」 「このデザートは甘さ控えめで，注文される男性の方も多いですよ。」 「甘さがしつこくなく，とても軽いので，飲んだ後でもペロッと食べられるとおっしゃる方が多いです。」 「女性の方とセットで頼まれると，○○円の割引となりますが・・・。」 「男性の方から喜ばれるデザートもご用意しておりますので，お声かけください。」 「男性注文ベスト3」をメニューに書く

　　　　　　＊　　　　　　＊　　　　　　＊

それから2日後，とうとう顧客の行動を起点とした，アプローチ（P.108参照）が完成したのでした。

にゃん左衛門社長は，大きな声で叫びました。

にゃん左衛門　よし，接客のプロセスができ上がったぞ。しかも，よくありがちなマニュアルっぽいものではなく，お客さんの行動と，行動に向わせるための心理的な要素を練り込んだものだニャン。これがしっかりと実践できれば，間違いなくお客さんに満足してもらいながら，客単価が上がるはずだ。

　　これからは，具体的に月ごとの，「日本酒の目標本数」，「顧客平均の目標注文料理数」，「ねこまんま目標注文件数」，「デザート目標注文件数」，「おみやげ目標注文件数」を決めよう。

　　それに向かって全力投球だ！

にゃん野　そうですね，99％でき上がりました。あとは，各場面で使う具体的なツール，たとえばメニューやフライヤー，POP，看板などを紐づけしてみましょう。

　　今あるツールもあれば，これから必要となるツールもあるはずです。もしかしたら，重複しているツールがあったり，手を加えたほうがいいと思われるツールがあったりするかも知れません。これらを整理して，各場面で使うツールを再検討しましょう。

　　そして，さらに，とても大事なことがあります。それは，「そのために当店がとるべき行動」，「具体的な行動やトークの方法」を絶対に守るんだと思わないことです。

一同は，うなずきました。

にゃん左衛門　そうだ，忘れるところだった。

にゃん野　行動をとることが目的となってしまわないようにしないと。

　　目的は，お客様にこちらが望む行動をとってもらうことです。当店がとるべき行動は，そのための手段にすぎません。

9. 顧客起点のアプローチとは

　ですから，皆さんは，お客様とのその場の雰囲気で，異なる方法のほうが効果があるなと思ったら，積極的に異なる方法を採用していいんです。
　にゃん美さんのように，お客様の感情を察知できる人なら，どんどん臨機応変に対応したほうが，間違いなく成果があがるはずです。接客に慣れていない方や，新人さんなどが入ってきたら，当面はこの接客プロセスどおりの行動をとってもらうことは必要ですが，その時も，目的を意識させることが重要です。

　　　　＊　　　　　　　＊　　　　　　　＊

　一同は，さらに大きくうなずきながら，自分たちが作ったプロセスを前に，やる気がみなぎっていくのを感じていました。

【解　説】

接客側の行動からのアプローチ手法とマニュアルはよく目にします。「注文をとる → 料理を出す → デザートを勧める」など，接客する店員のとるべき行動（手段）のプロセスを列挙していくものです。『はちわれ』の構築した「顧客の行動を起点としたアプローチ」は，三つの点でそれと異なります。

① 小さなゴールの積み重ねによる最終ゴールへの到達

　第一に，顧客の行動を起点としたアプローチは，小さなゴールの積み重ねが必ず最終ゴールに繋がることです。接客側の行動からのアプローチは，相手のあることなので，プロセスがつぎに進むかどうかは，お客様次第となります。

　顧客の行動を起点としたアプローチ（右図参照）は，縦のラインが「㉕また来店する」という最終ゴール（目的）に向けたお客様の行動プロセスを表し，最終目的への階段を示しています。横のラインが，お客様に期待する行動を小さなゴール（目的）として，当社が取るべき手段とツールを示しています。

　『はちわれ』の店員が，記述にある手段やツールを用いて，期待する行動をお客様にとってもらうことができれば，つぎの行動に移ってもらえる可能性が高くなると考え，横の目的（小さなゴール）の達成を積み上げることで縦の最終目的（最終ゴール）の達成に繋げていくアプローチなのです。

② 手段の目的化の排除（現場の自主性，創造性の尊重）

　第二に，手段の目的化が排除され，現場の自主性や創造性が尊重されることです。接客側の行動からのアプローチは，社員のとるべき行動（手段）を列挙していくので，それを行うことが目的となり，行き着くところ手段の目的化となります。

　一方，顧客の行動を起点としたアプローチは，お客様にとって欲しい行動を

9．顧客起点のアプローチとは

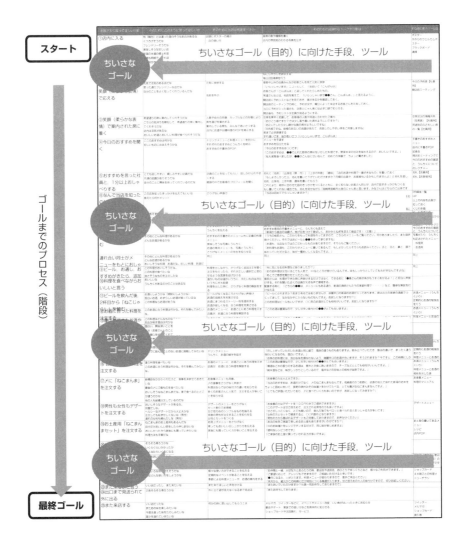

ゴール（目的）として，「そのため」に社員が何をすべきかを講じるので（手段），目的と手段が横のラインで明確化されることになります。このように目的である「何のため」を明確にすると，それを達成できれば，記述された手段をとらなくてもよいという判断ができます。状況に応じて，よりお客様を満足

させる優れた対応策が思いつけば，現場で積極的に採用するという臨機応変さ，すなわち「創造性」が持てるようになります。

『はちわれ』のにゃん美のような優れた店員は，こちらが望むべき行動をお客さまにとってもらう目的のために，マニュアルに書かれた以上の手段を現場で思いつけば，積極的に採用してもいいのです。

③ 主導権の維持

第三に，当社が常に主導権を持つことで，かつてにゃん吉が行ってきたような，お客様に翻弄されて利益度外視となるような行動が排除されます。小さなゴール，最終ゴールとも，お店側がお客様にとって欲しい行動を起点としているので，プロセスをリードしているのはお店側です。

加えて，「行動をとってもらうために，どのように思ってもらうか」ということを考えて，心理的な面の配慮を怠らず手段を講じているため，ごくごく自然な形でお客様が受け入れ，行動してくれるような工夫がなされています。

このように，顧客の行動を起点としたアプローチは，接客のばらつきをなくし，サービス業の生産性を高めながら，現場の創造力も発揮できる手法です。

わが国のサービス業をもっと強くするためには，以上のように，
「店のあるべき姿を明確にする」
「数値目標を掲げ，分解する」
「生産管理手法を採用して効率化する」
「顧客の行動を起点としたアプローチを作りあげ，高い満足と利益の獲得を両立させる」
ことがとても有効です。

さらに，これらを作りあげるだけでなく，実践して修正していく，すなわちPDCAサイクルを回していくことで，サービスの生産性を向上させつつ，おもてなしの心遣いを発揮して，お客さまに高い満足を提供できるようになるはずです。

10. 『はちわれ』のそれから

　にゃん左衛門社長のお店の改革から6か月が経ちました。確かに，最初の1～2か月は混乱がありましたが，それも収まった3か月目くらいになると，目立ってお客さんが増えるのがわかりました。
　居心地がいい，元気になる，明るくて楽しい居酒屋と評判になり，常連さんの数が1.5倍となりました。お客さんと店員が仲良くなっただけではなく，お客さん同士で仲間が広がるようになり，お客さんがお客さんを呼んでくるという，理想的なサイクルが生まれています。
　数字面でいうと，1日の来店客数は約70人，客単価は1,250円となりました。そのため，当初は我慢したアルバイトを，先月補充しました。人件費が上がっても，十分に利益が取れています。

＊　　　　　＊　　　　　＊

　今，にゃん左衛門社長は，新しい悩みを抱えています。お客さんがたくさん来てくれることは嬉しいのですが，店に入り切れずお断りすることも増え，『はちわれ』のあるべき姿である「都会の生活やストレスの多い仕事に疲れた猫たちに，こだわったお酒，ひと手間かけた料理と，家に帰って来たような気の置けない場を提供する居酒屋」を実現できなくなっていることでした。
　そこで，2店目を桜新町という駅のそばに出すことを検討しています。2店目を出すことなんて考えていなかったし，三軒茶屋の店舗ひとつでも心配事が多いのに，桜新町の店舗のこともあれば，悩みは2倍，いや3倍くらいになりそうです。

しかし，にゃん左衛門社長には，不安が大部分ではあるものの，ちょっとした自信もつきました。そう，皆で作ったマニュアルがあります，改善で培った経験もあります。そして何より，改革を一緒に推し進めてきたチームがあります。たとえ，これからどんな苦難が訪れようと，にゃん吉・にゃん介・にゃん美に，コンサルタントのにゃん野が一緒なら，何とか乗り切れる，そんな気がしています。

　　　　　　　　＊　　　　　　　＊　　　　　　　＊

　店を閉めて日付が変わったころ，にゃん左衛門社長は，皆を集めて2店目の構想を話しました。そして，桜新町店の店長を，にゃん美に任せたいという希望も伝えました。23歳の若い美人（猫）店長がもうすぐ誕生します。

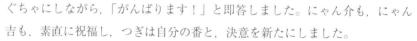

　にゃん美は，それを聞いたとき，まさかこんなに早く自分の夢が叶うなんて思っていなかったので，涙で顔をぐちゃぐちゃにしながら，「がんばります！」と即答しました。にゃん介も，にゃん吉も，素直に祝福し，つぎは自分の番と，決意を新たにしました。

　にゃん左衛門社長は，社員に将来の夢を持たせてあげられることの大切さを実感し，これから自分がするべき仕事は，「社員に夢を与えること」なんだと，しみじみ思っていました。現場の仕事に振り回されていたかつての自分と比較したときに，「ちょっと経営者らしくなったかな」，「仕事のステージがあがったかな」とも感じていました。

　　　　　　　　＊　　　　　　　＊　　　　　　　＊

　にゃん左衛門社長は，外の空気にあたりたくて，店のドアを開けました。あと数時間後には，またいつものようにお客さんがやってきて，いつもと同じ忙しい日常が始まります。しかし，にゃん左衛門社長は，昨日とは違う自分になっている気がして，夜の空気を深く吸い込みながら，道路に写る自分の影をしばらく見つめていました。

10.『はちわれ』のそれから

　顔を上げるとビル越しに，にんじんタワーがオレンジ色に光っている，いつもの風景が見えました。この地で生まれ，この地で育てられた猫酒場『はちわれ』は，ほんの少し成長して，また今日の営業を迎えようとしています。

11．受賞レポートの事例企業より

　弊社は,「トータルウエディングハウス美優館宮崎店」という名称で，宮崎市にて貸衣裳業と結婚式場紹介業を営んでおります。これまで長い間，接客員の能力や経験により，お客様に与える印象が大きく異なることを問題視してきました。また，女性職場であり，せっかく身についた能力が，結婚や出産による退職で，すべて消失してしまうという，経営者にとってつらい経験を何度もしてきました。これを改善するべく，業務全般の標準化やマニュアル化や業務フローの明確化など，さまざまな取り組みを行ってきました。

　しかし，中小企業においての本当の強みは，接客員とお客様の間で生まれる感動を提供することであり，マニュアルなどでは，叶わないものであるとも考えていました。

　東條先生と一緒に作り，実践してきたサービスのメソッドは，業務フロー図中の各シーンにおいて，お客様の抱かれる印象や気持ちを中心に据え，それらに対して我々スタッフがどのような言動やツールを活用するとベターであるかを明確にし，スタッフ各自も理解納得して実践していくものです。一層業務全般の標準化や再現性を高めつつ，生産性をも向上させることを目的としたものです。

　これにより，お客様のご来店時対応，ご要望等のヒアリング，ご要望に対する提案などの場面においてサービス業（対面接客業）にありがちな，成果がスタッフの力量に負いすぎる点の改善や，新規採用時の採用障壁の低減，基礎的な教育期間の短縮化等，業務全般への波及効果がありました。何より働くスタッフが自身の役割や得手不得手業務を明確にでき，働き甲斐の創造にも繋がると感じています。

11．受賞レポートの事例企業より

　東條先生とのご縁から現在まで，多岐に亘るご支援を頂いて参りました。弊社は中小企業であることから，何らかの業務改善や革新に臨む際に，多大な時間や費用を要する方策への着手は，その効果面からも躊躇がございます。しかし，支援を依頼させて頂いた企業の「身の丈に合った」ご支援・ご指導に特に素晴らしさを痛感しているところです。

　　　　　　　　　　　　　　　　　　　株式会社ウエディングM
　　　　　　　　　　　　　　　　　　　代表取締役　小　林　久　晃

00. おわりに

　海外に行くと，わが国のサービスの素晴らしさを再確認します。日本を訪れる外国人の方々も，口をそろえて，日本のサービスは感動的である，と言っています。
　本書の冒頭で述べたように，昨今は，わが国のサービスの生産性が低いと，何やら経済の足を引っ張っている犯人のように扱われていますが，間違いなく，世界に自慢できる日本の強みです。この強みを最大限に生かして，生産性を向上させることができないか，と考えたのが本書のテーマです。

１．何が問題なのか
　コンサルの支援をしていると，問題の本質がわからないまま悩んでいる経営者が多いことがわかります。経営環境は絶えず変化していて，経営者はそれを素早く察知し柔軟に対応することが求められます。かつての栄光におぼれて，ゆでガエル現象に陥り，市場から撤退した会社も見てきました。強いものが勝つのではなく，環境に対応するものが勝つのです。「パイの変化」と「シェアの変化」を意識して，会社の置かれている状況を常に把握しておくことが，経営者の仕事です。

２．どこで勝負する？　なにで勝負する？
　わが国に長い間影をおとしていたデフレにより，価格が安くなければ売れないという風潮が根付いてしまいました。しかし，体力の弱い中小企業は，価格勝負では絶対に勝てません。自分の会社の強みを再確認して，高くても売れる状況を作り上げなければならないのです。万人を満足させようとすると，強みが見えてきませんが，絞り込むことにより，誰を満足させるのか，そのために

00. おわりに

どのような強みを磨けばよいのかが見えてくるはずです。これが会社の「あるべき姿」に結びついていくのです。

3．目標数値を掲げろ

　わが国のサービスの生産性が低いと言われる理由は，満足度の高いサービスをお金に換えることができないからといえます。お客様に「よろこばれること」に，異を唱える経営者はいないでしょうが，それが大儀化してしまい，利益につながらなければ，企業が提供するサービスとはいえず，ボランティア活動となってしまいます。それを防ぐためには，明確な目標数値の設定が必要なのです。

4．数値を分解することで見えるもの

　会社として求める数値を分解し，従業員の行動に結びつかせることが，一人ひとりの目標意識，仕事における創意工夫を生み出します。数値を背負わされると，ノルマのように感じてしまい，会社の雰囲気が悪くなるのではないかと考える経営者もいますが，明確な目標なしに仕事は充実しないし，自己成長も感じられません。その時に大切なのは，達成するための話し合いの場を作ってあげることです。皆がそこで悩みを共有し，手段を考えていくプロセスが，人を成長させ組織の一体感を高めます。

　従業員が協力し合って，お客様にご満足いただきながら，与えられた目標数値を達成しようと努力すれば，とても強い会社になるはずです。このような環境を作るのも，もちろん経営者の役割です。

5．生産管理を活用せよ

　生産管理手法は，長い間検証を繰り返した，素晴らしいメソッドです。これは，製造業だけでなく，小売業でも，もちろんサービス業においても活用できるものです。

　本書では，「ABC分析」や「フロムツーチャート」をご紹介しましたが，

他にも「ラインバランシング」,「流れ線図」,「ワークサンプリング」,「ガントチャート」,「アッセンブリーセル」,「QC七つ道具」,「新QC七つ道具」,「定期, 定量発注方式」などは, さまざまな場面で活用できそうです。

6. 接客をマニュアル化せよ

　生産性を高めるうえで, 最初に行うことは, 業務の標準化, マニュアル化でしょう。人によるバラつきをなくして, 品質の底辺を上げる作業です。
　しかし, これで終わっては, お客様に高い満足を与えることはできません。

7. マニュアルの限界と本当の役割

　仕事において, 目的と手段が混同されてしまうことは, 頻繁に発生します。マニュアル至上主義がその表れです。本文にあったとおり, マニュアルはあくまで手段であり, 目的化してはなりません。そうならないために, 会社のあるべき姿を明確にし, 従業員全員が共有しなければなりません。

8. お客さんの行動から発想せよ

　顧客の行動を起点としたアプローチは, 本書の最も強調したい「お客様行動学」の実践の部分です。
　さまざまな企業で, 提供する側の行動プロセスは作り上げられていますが, お客様がとってほしい行動プロセスを分析しているところはほとんどありません。お客様の満足と, 目標数値の達成のためには, とても大切な考え方です。

9. 顧客起点のアプローチとは

　顧客の行動を起点としたアプローチは, 手段を一つひとつ積み上げていくことで, 目標に到達する階段を作っており（小さなゴールの積み重ねによる最終ゴールへの到達), 目的を明確にすることで, 手段の目的化を防ぐだけでなく, 現場の自主性を尊重することができ（手段の目的化の排除), 会社側の求めるプロセスに沿うことで, 利益を度外視したような目的の大儀化を防ぐ（主導権

の維持）ことになります。

　この3点が，顧客の行動を起点としたアプローチの役割であり，本書のテーマの「お客様行動学」の本質なのです。

10.『はちわれ』のそれから

　こうして物語はハッピーエンドで終わりましたが，成功はいつまでも続くわけではなく，経営者は緊張感を忘れてはなりません。一方で，顧客の行動を起点としたアプローチ手法による改革は貴重な経験となり，つぎの荒波を越えるための大きな武器となるはずです。

顧客の行動を起点としたアプローチ

お客さまにとってほしい行動	そのために思ってほしいこと	そのために当店がとるべき行動	そのための具体的な行動やトーク方法	そのときに使うツール
①店内に入る	他（競合）とは違った面白そうな店があるな くつろげそうだな フレンドリーそうだな おいしそうな珍しいお酒があるな 新潟の本場の郷土料理が食べられるのだな 価格も明朗で、それほど高い店ではないな 店の前がきれいだから、店内もきっと清潔だろうな	店頭にポスターの掲示 ・店の使い方 ・店のアットホームな雰囲気 ・ウエルカムポスターで特別感 ・店や酒、料理の特徴 ブラックボード活用 ・自慢のメニューと価格 ・今日のおすすめと価格 店頭の清掃の徹底	座席の数や種類を書く 店内の雰囲気のわかる写真を出す にゃん美の笑顔の写真を出す みんなの笑顔の写真を出す 予約の団体のお客さんには、手作りのウエルカムポスター ・事前に会の主旨や名前を聞いておく 「□□株式会社様 ○○さんご来店！ 九州蔵元直送の[ねこじゃらし]を訴求する 新潟蔵元直送の[ねこじゃらし]を訴求する 珍しい[ねこじゃらし]が手に入る理由を書く（社長の実家） 他と比較可能な値段を書く 20種類以上の料理の値段を書く 毎日、店の前の清掃を2回行う	ポスター 手作りのウエルカムポスター ブラックボード 清掃
②店員の挨拶を聞き、笑顔（柔らかな表情）で応える	元気で活気のある店だな 思ったとおりフレンドリーな店だな 自分のことをよく知ってくれているんだな	元気に挨拶する 名前を呼ぶ	接客中以外の店員みんながお客さんを見て元気に挨拶 [いらっしゃいませ]でニコッとして、 1拍おいて[こんばんは] お客さんが[こんばんは]と返してくれたらしめたもの 常連さんなどは、名前を覚えて、[いらっしゃいませ○○さん。こんばんは。]と言えるように 開店前に予約リストなどを見ておき、誰が来るかを確認しておく 開店前のミーティングの時に、予約状況や、	今日の予約表（店員用） 開店前ミーティング

顧客の行動を起点としたアプローチ

行動	気持ち	対応	セリフ例	ツール
③笑顔（柔らかな表情）で案内された席につく	こちらの気持ちを察知して、希望どおりの席に案内してくれそうだな 店内は活気があるな おいしいお酒とおいしい料理が食べられそうだな	人数や会社の同僚、カップルなどの形態により席を選び、案内する 案内している間も、みんなであいさつする 店内にお酒や自慢の料理のPOPを掲示する	曜日によって来店するお客さんを共有しておく 当日に予約が入った場合も、店長にやんわり口頭で知らせて 開店後も、予約リストは全員が見るようにする	空席状況の情報共有（空席表）【店員用】 用途別のふさわしい席の一覧【店員用】
		空席を素早く把握して、お客さんの人数や用途に合わせてご案内 「おひとり様ですか？では、少し落ち着いた席がよろしいですか？」 「お2人でしたら、少し静かな奥の席がよろしいですね。」 「8名様ですね。皆様のお互いのお顔が見えて、お話しのしやすい席をご用意しますね。」 席まで必ず誘導する すれ違いざま、皆が会いさつ「いらっしゃいませ。こんばんは。」 「こちらがお席になります。どうぞおつろぎくださいね。」		
④今日のおすすめを聞く	ここのおすすめは何かな 珍しいものに出会えそうかな	ドリンクメニューと料理メニューを別々に それぞれのおすすめのどちらも おすすめの手書きのPOPを明示	メニューを手渡す おすすめを目立たせる 「今日のおすすめは○○です。」 「このおすすめは、○○でとれた野菜の素材をいかした料理です。野菜本来の甘みも味わえる名の、おいしいですよ。」 「私も実際食べました。○○がこんなに甘いなんて、初めての体験で、ちょっと驚きました。」	手書きのおすすめメニュー 店内に手書きPOP 社内試食会で、味を知っておく 開店前ミーティングで、板さんから今日のおすすめの確認と、うんちくについてのレクチャー

109

お客さまにとってほしい行動	そのために思ってほしいこと	そのために当店がとるべき行動	そのための具体的な行動やトーク方法	そのときに使うツール
⑤おすすめを言った店員と1分以上おしゃべりをする	とても話しやすい、親しみやすい店員だな 共通の話題があるそうだな 自分のことに興味を持ってくれているのだな	店員のことを知ってもらい、話しかけられやすくする 雑談の中で、お客さんのプロフィールを聞く	名札に「名前」「出身地（県・市）」「上京の年数」「趣味」「店のお酒や料理で一番好きなもの」を書いておく 「もしよろしかったら、名札を書いて下げていただけますか？ 同郷の店員や、お客様もいるかもしれませんから」と名札を渡し、名前、出身地、上京年数、趣味を書いてもらう それにより、相手に合わせた話のきっかけを作るとともに、全く知らないお客さんも書いて、店内で話すきっかけを作る もし書いてくれない場合でも、名札を見せながら「宮崎県宮崎市出身のにゃちゃん実と言います。みなさんはどちらのご出身ですか？ みなさんの郷土のお料理やお酒もあるかもしれませんので。」などと言い、話のきっかけを作る	名札[店員用] 名札[お客様用]
⑥なんで当店を知ったのかを話す	この店を知ったきっかけを伝えてもいいな 教えたら何かメリットがありそうだな	さりげない声掛け なぜ話してほしいのか、目的を述べる 教えてくれた時のメリットを提供する	「当店は初めてでいらっしゃいますか？」 「これからも、当店にたくさんのお客様が来ていただけるよう、PRにもっと力を入れていきたいのですが、お客様は、何で当店をお知りになりましたか？」 「それをご覧になった時、どのように感じになりましたか？」 「ご来店のきっかけを教えてくださったお客様には、くじ引きで一口冷ややっこが当たります♪ or 教えてくださったお客様には、おいしい棒が当たります♪」	PR媒体一覧 HP 以上の内容を店員が知っておく くじ引き箱
⑦ビールとおすすめを注文する	とりあえずビールでいいこでこのおすすめは何かな	キンキンに冷えたビールがあることを知らせる	おいしそうに冷えているビールのポスター、POP	ビールのポスター、POP（ビール会社か

110

顧客の行動を起点としたアプローチ

	顧客の心理	アプローチ	トークスクリプト例	ツール
(前行続き)	おすすめの○○を注文しようかな	今日のおすすめをPOPや接客時の会話で知らせる／おすすめのメニューを作る／うんちくを伝える	「今日はおいしい○○が入ってますが、とてもおすすめなんですよ。日本海の荒波にもまれて、身がぶりぶりに引き締まってるんです!」店内に今日のおすすめのPOP／おすすめ専用の手書きのメニューに、うんちくも添えて／「新潟から直送の油揚げ。焦げ目をつけて香ばしく、おかかとねぎを添えて絶品です!」(文章)	ら)定期的にもらう／開店前ミーティングで、今日のおすすめの確認／今日のおすすめについてのレクチャー／手書きのおすすめメニュー／おすすめPOP
⑧メニューをのぞき込む	その他にどんな料理があるかな／どんなお酒があるかな	おすすめの手書きのメニュー／定番の料理メニュー／美味しそうな写真にうんちく／お酒の専用メニューも、とうんちく	「うちの板前さんは、こだわりを持って料理を作っていますので、こちらのメニューも御覧ください。何かありましたら、また御声掛けください。それではおビールと○○を持って参りますね。」「お酒も、当店ならではのこだわりがあるのがありますので、そちらもご覧ください。」「お料理もお酒も、こだわりがあってありまして。もしよかったらそちらもお読みください。舌と、目と、鼻と、頭で味わっていただけると、味が一層おいしくなるんですよ。」「併せて、この名札にある私の好物も、とてもおいしいですよ。ぜひお試しください。」	写真が入り、うんちくも記述されたメニュー ・料理用(定番) ・お酒用(定番) ・おすすめの手書きメニュー
⑨ビール、お通し、おすすめ、追加の料理めが来たら、追加の料理を注文する	この料理がおいしそうだ／この料理が食べたいな／良さそうなものを注文したな	料理を出しながら、さりげなく追加注文を聞く／注文をもらったら、それが正しい選択だと思わせるような言葉を投げかける	「他に気になるお料理などありましたか?」「そのお料理は女性にはとても人気で。○○などところが受けているんです。味もしっかりとしていて私も好きなんですよ。」	写真が入り、うんちくも記述されたメニュー ・料理用(定番) ・お酒用(定番)

お客さまにとってほしい行動	そのために思ってほしいこと	そのために当店がとるべき行動	そのための具体的な行動やトーク方法	そのときに使うツール
⓪料理を食べながら、おいしいと言う	おいしいな うんちくがあるだけのことはあるな	温かいものは温かいうちに、冷たいものは冷たいうちに出すことが大前提 料理を出した時に、さりげなく料理の解説をする 配膳する際に声をかける	板前さんは、料理ができた時に声掛けをするだけではなく、できる前に「△番さんの焼き魚がもうすぐあがるよ！」と担当にそれを聞いた近くの店員が大きな声で復唱をする 配膳をする時に、「こちらの○○○は、メニューにもあるとおり、新潟の魚師さんたちの家庭料理で‥‥」など、簡単な解説を付け加える 配膳する度に、必ず「お味はいかがですか？」と声をかける	・おすすめの手書きメニュー
①ビールを飲んだ後、2杯目から「ねぇじゃらい」を注文する 日本酒を飲まないなら、焼酎でも、ビールでも可	お酒にしようかな（焼酎にしようかな） 面白いお酒、めずらしいお酒が揃っているな この料理ならお酒が合うな	ビールがなくなるころに、さりげない声掛け お酒の品揃えを充実させる お酒にまつわるストーリー性を提供する お酒が欲しくなる、合う料理を充実させる	「ビールにしますか？あまり有名ではありませんが、淡麗辛口の新潟のお酒が入っております。実は、店主の実家の酒蔵で造っていまして、なかなか人らないものなんですが、お試しになりますか？」 「この料理はビールもいいですが、○○系のお酒がとても相性がいいですよ。お試しになりますか？」	お酒メニュー（うんちく入り） 定期的にお酒の勉強会を行う 料理メニューとお酒の相性を示した表を店員が知識を表として持っておく
②お酒に合った料理を注文する	このお酒に合う料理は何かなそれを注文してみたい	お酒のメニューに、お酒ごとに合う料理を示す 店員が、お酒に合う料理を解説する	「このお酒は豊潤なので、少し甘辛い味付けの○○○がとても合いますよ。」	お酒メニュー（うんちく入り） 料理メニューとお酒の相性を示した表を店員が知識を表として持っておく

顧客の行動を起点としたアプローチ

⑬運ばれてきたお酒や料理の解説を聞く	この料理はどんなものなのかなお店が推す理由は何かな	お酒の背景、お料理の背景を伝える	配膳する時に、「こちらの〇〇は、メニューにもあるとおり、新潟の漁師さんたちの家庭料理で……」など、簡単な解説を付け加える	
⑭解説した店員と1分以上おしゃべりする	自分（お客さん）のことを知ろうとしてくれているな、関心を持ってくれているな共感できる雰囲気だな	お客さんに質問するお客さんの話しに共感する	「ところで、△△さんの郷土料理は何ですか？（飲まれているお酒は何ですか？）」「どんな所なんですか？」「有名な場所は？」「同郷の芸能人は？」「東京に出てきて、最初は、今日はお祭りの日かと思ったら、毎日がお祭りなんですよね？ 驚きました？」「東京にいると、みんな歩きますよね？田舎は健康的とかいいますけど、東京のお年寄りは何倍も元気だと驚きませんでしたか？」 などと、共通になりそうな話題を振る	
⑮また違うお酒を注文する	違うお酒が飲みたいなこの料理には、どんなお酒が合うかな今までに飲んだことのないお酒に挑戦してみたいな	お酒がなくなるころにさりげない声掛け違った風味に興味を持たせるドリンクメニューうんちく、お酒の雑学を話す	「召し上がっていただいたお酒はいかがでしたか？ すっきりとしていたようで、後味が意外としっかりしていたと思います。」「お酒が進まれますと、さっぱりとしたお酒が好まれますので、お試しになります。それとも同じじものをお持ちしますか？」「召し上がっていただいたお酒と同じ蔵で、風味の違うものもあります。飲み比べていただき、製法の違いでまったく違う味わいになるのも、面白いですよ。」「お魚のお料理には、淡白な味を損なわない、端麗辛口のお酒が合います。今ですと、この時期そうされますか？」	お酒のメニュー（うんちくくり）定期的にお酒の勉強会を行う料理のお酒のメニューとお酒の相性を示した表

113

お客さまにとってほしい行動	そのために思ってほしいこと	そのために当店がとるべき行動	そのための具体的な行動やトーク方法	そのときに使うツール
⑥お酒に合った料理を注文する	違う料理を食べたいな このお酒に合う料理は何かな それを頼んでみたいな	お酒のメニューに、お酒ごとに合う料理を示す 店員が、お酒に合う料理を解説する	「このお酒は豊潤なので、少し甘辛い味付けの○○○がとても合いますよ。」 「燗酒などの○○の香りのするお酒は、洋食に合いますので、チーズなどととても相性がいいんですよ。」 「純米酒などは、味がしっかりとしているので、塩辛などの珍味との相性が抜群ですよ。」	お酒のメニュー（うんちく入り） 料理のメニューとお酒の相性を示した表
⑦メに「ねこまんま」を注文する	結構おなかがふくれたけど、食事を済ませておきたいな 最後のメにご飯ものを食べたいな おいしそうなメにまんまだな 家で作るのとどこが違うのかな 他の人も結構注文しているのだな	お食事のメニューも用意 メの食事をさりげなく声掛け 料理店ならではの味付けの違いを知らせる 多くのお客さんに人気で、注文する人が多いしていることを知らせる	「お食事のほうは大丈夫ですか？」 「当店のおすすめは、お酒だけでなくメのねこまんまなんです。切磋産のかつお節に、店長の地元で採れた新潟のお米をちょっと固めに炊いて、長野の信州みその味噌汁をかけて食べる、とても贅沢なメなんですよ。」 「とても評価いただいており、メに食べていく方も多いのですが、お試しになってみますか？」	お食事のメニュー 原材料の産地を知るための勉強会
⑧男性も女性もデザートを注文する	おいしそうなデザートがあるな 別腹だしな ヘルシーなデザートだから大丈夫かな 注文しても恥ずかしくないな（男性） 連れの女性も注文したいな（男性）	デザートのメニューをさりげなく セット割引にお得感を出す 甘さ控えめのシンプルなものを前面に 多数の男性が注文することを知らせる 女性セットのセットを作る	「お食事の方はデザートを100円引きにて提供できますが？」 「このデザートは甘さ控えめなので、注文される男性の方も多いんですよ。」 「甘さがしつこくなく、とても軽いので、飲んだ後でもペロッと食べられるとおっしゃる方が多いです。」 「女性の方々はセットで頼まれると、○○円」	デザートのメニュー 男性注文ベスト3のPOP

顧客の行動を起点としたアプローチ

顧客の行動	顧客の心理	対応	トーク例	ツール的なもの
⑲お土産用「ねこまんまセット」を注文する	ねこまんまのお土産用もあるんだな / 自分だけおいしい思いをしたら申しわけないな / おいしかったから家族にも買っていきたいな / 料理方法も手軽だな	お土産用のメニューをさりげなく帰ってもおいしい召し上がり方を伝える / 家族にも買っていくことを伝える	「お店の味をご家庭で楽しめるお土産もありますがいかがですか？」「中のお味噌汁をレンジでチンするだけで、同じ味が楽しめますよ。」「便利なレンジピーマンです。」「ご家族のお土産に買っていかれる方が多いですよ。」……の割引となりますが・・・。」「男性の方から喜ばれるデザートもご用意しておりますので、お声かけください。」「男性注文ベスト3」をメニューに書く	お土産の書いてあるメニュー / レシピ / 店内POP
⑳お勘定をする	そろそろ帰ろうかな / いくらくらいかかったかな / 1人当たりいくらになるかな	待たせることなく迅速に対応する / 勘定を明確に伝える / 領収書の必要の有無を聞く / 1人当たりの金額を出したほうがよいかを聞く	「お勘定でございますね。」「全部で△△△円となります。」「領収書はどうなさいますか？」「お1人様あたりの金額を出しましょうか？」	領収証の発行の仕方 / の勉強会
㉑とてもおいしかった、楽しかったと言う	とてもおいしかったいい店だったな / また来たいな	感想を聞く / ショップカードを渡す / 新しい料理やメニューの時期を伝える	「お料理はご満足いただけましたか？」「来週は良い○○○が入る予定ですので、是非ご来店ください。」「何かご意見がございましたら、お聞かせください。」「ショップカードもどうぞ。」	用途別（送別会、歓迎会、デート、家族）の使い方をイメージさせるショップカード
㉒ショップカードを見る	いろいろな形で使えそうだな / このときは、どんな使い方をしようかな	さまざまな使い方ができることを伝える / 定期的なイベントがあることを伝える / 季節による料理メニューや、お酒の案内をする	「お仲間と一緒、大切な方とおふたりの時、歓迎会や送別会、おひとりでゆっくりなど、さまざまご利用ができます。」「ご要望に応じて、アレンジもできますので、ご相談いただけると幸いです。○○が入ります。」「△月になると、料理メニューが変わりますので、是非ご来店ください。」	ショップカード / 4半期ごとの料理メニューのチラシ

お客さまにとってほしい行動	そのために思ってほしいこと	そのために当店がとるべき行動	そのための具体的な行動やトーク方法	そのときに使うツール
①また来るよと言う	いい店だったし、また来たいな	また来てほしいと声をかける	「来月から、蔵元がこの時期にだけ特別に作る梅酒が入ります。甘さ控えめの大人の味付けですので、ぜひお試しください。」	
②出口まで見送られて、外に出る	さあ、そろそろ帰ろうかな	外に出て姿が見えなくなるまで見送る	「またおいでいただけますか？ 社員一同お待ちしております」「またお待ちしております」	
③また来店する	いい店だったなまたあの味を楽しみたいな今度は違った味をまたのしみたいな誰かを連れていきたいな	何かの時に思い出してもらう工夫	メルマガ、ツイッターなどに、イベントやメニュー改変、いい魚がはいったときにお知らせ宴会やデート、家族での使い方などを具体的に知らせるショップカードや次回割引、サービス	ツイッターメルマガショップカード割引券

116

著者紹介

東條　裕一（とうじょう　ゆういち）

東京都港区出身。損害保険会社に16年勤務し，中小企業診断士の資格を取得し独立。
株式会社エッグス・コンサルティングを設立し，「売れる仕組みづくり」，「売れる営業体制づくり」を中心としたコンサルティングを行っている。近年では，「経営のソフト，ノウハウの見える化」をテーマとして，ツールを開発しながら，中小企業を支援している。
事業承継センター株式会社の取締役であり，後継者塾の塾頭としても活躍。東京商工会議所のコーディネーターとして，年間延べ100件以上の中小企業の相談にも応じている。
著書：3か月で結果が出る18の営業ツール（2013年，税務経理協会）

著者との契約により検印省略

平成29年3月15日　初版第1刷発行	サービスの生産性を3倍高める **お客様行動学** 猫酒場『はちわれ』を科学で救え！

　　　　　著　　者　東　條　裕　一
　　　　　発行者　　大　坪　嘉　春
　　　　　印刷所　　税経印刷株式会社
　　　　　製本所　　株式会社　三森製本所

発行所　〒161-0033　東京都新宿区　　株式
　　　　　下落合2丁目5番13号　　　　会社　税務経理協会
　　　　振　替　00190-2-187408　　電話　(03)3953-3301（編集部）
　　　　ＦＡＸ　(03)3565-3391　　　　　　(03)3953-3325（営業部）
　　　　　　　　URL　http://www.zeikei.co.jp/
　　　　乱丁・落丁の場合は，お取替えいたします。

© 東條裕一 2017　　　　　　　　　　　　　　Printed in Japan

本書の無断複写は著作権法上での例外を除き禁じられています。複写される場合は，そのつど事前に，（社）出版者著作権管理機構（電話 03-3513-6969，FAX 03-3513-6979, e-mail : info@jcopy.or.jp）の許諾を得てください。

JCOPY ＜(社)出版者著作権管理機構　委託出版物＞

ISBN978-4-419-06424-2　C3034